COPYRIGHT © FARO EDITORIAL, 2022

Todos os direitos reservados.
Nenhuma parte deste livro pode ser reproduzida sob quaisquer meios existentes sem autorização por escrito do editor.

Diretor editorial **PEDRO ALMEIDA**
Coordenação editorial **CARLA SACRATO**
Preparação **GABRIELA DE ÁVILA**
Revisão **BÁRBARA PARENTE**
Capa, projeto gráfico e diagramação **VANESSA S. MARINE**

Dados Internacionais de Catalogação na Publicação (CIP)
Jéssica de Oliveira Molinari CRB-8/9852

Fontana, Rafael
   Falar é fácil / Rafael Fontana. — São Paulo : Faro Editorial, 2022.
   192 p. : il., color.

   ISBN 978-65-5957-235-9

   1. Autoajuda 2. Comunicação I. Título

22-4803   CDD 158.1

Índices para catálogo sistemático:
1. Autoajuda

1ª edição brasileira: 2022
Direitos de edição em língua portuguesa, para o Brasil, adquiridos por FARO EDITORIAL.
Avenida Andrômeda, 885 - Sala 310
Alphaville — Barueri — SP — Brasil
CEP: 06473-000
www.faroeditorial.com.br

Certifique-se de ter parado de falar antes que seu público tenha parado de ouvir.

DOROTHY SARNOFF

Soprano e atriz norte-americana

De acordo com a maioria dos estudos, o principal medo das pessoas é falar em público. O segundo é a morte. A morte é o segundo, isso parece certo? Isso significa que, para a pessoa comum, no caso de um velório, ela se sentiria melhor dentro do caixão do que fazendo o discurso de homenagem ao falecido.

JERRY SEINFELD

Humorista norte-americano

O DICIONÁRIO

Glossofobia
substantivo feminino
Medo ou aversão de falar em público.

O FATO

Na maioria dos países, o medo de falar em público lidera o ranking de fobias, superando o medo da morte, de ter problemas financeiros, o medo de altura, de insetos, de viajar de avião, da solidão e da escuridão.

Neste livro, portanto, você irá superar o maior de todos os medos.

SUMÁRIO

INTRODUÇÃO   17

PARTE I — A nossa parceria – Muito prazer 21
Metas e objetivos 24
O autor   25
Colaboradores   27
A trajetória   28
Duas questões 39

PARTE II — O desafio começa agora 43
Metodologia   45
Prática inicial – leitura e vídeos   47
A Fórmula Cat & Dog   54
Discursos, vídeos e apresentações   59
Memorização   65
As vantagens de dominar o discurso   71

PARTE III — Voz e pronúncia 73
Potencialize a sua voz   75
Para preservar a saúde vocal   79
Pronúncia: trava-línguas   86

PARTE IV — Crie o seu estilo 93

Somos únicos 95
Dress code 96
A roupa do vídeo 98
Crie bordões 101
Linguagem corporal 105

PARTE V — *Media training* e debate 109

Falar é fácil – *Media Training* 111
Vencendo Debates 124
Considerações importantes sobre debates na atualidade 130

PARTE VI — Falar idiomas é fácil 133

Destrava-línguas 135
Os 7 passos para a fluência 137
Dicas fundamentais 149
Para as crianças 152

PARTE VII — Fale cada vez mais fácil 155

Melhore a sua fala todos os dias 157
Aplique a pirâmide invertida 160
Falar é simples 164
Prática final 165
Dicas para os desafios de improvisação 172
Confirme a sua evolução 175
O preparo é o seu troféu 177

AGRADECIMENTOS 183

SUAS ANOTAÇÕES 187

INTRODUÇÃO

Nada nos traz mais felicidade do que acrescentar algo bom à vida das pessoas.

Eu me lembro daquela tarde de quinta-feira, em julho de 2022. Entrei na sala de espera de uma clínica localizada na Zona Sul de São Paulo para uma consulta de rotina, estava indo para a mesa da secretária quando um jovem saiu do consultório da dermatologista, olhou para mim e falou:

— Rafael?!

Tentei reconhecê-lo, mas foi em vão. Então, ele prosseguiu:

— Eu li o seu livro. Muito bom! Ele mudou o meu jeito de ver as coisas.

Era um jovem universitário, acompanhado de sua mãe, que sorriu para mim e disse:

— Meu filho lia trechos do livro em voz alta para mim. Demos risadas juntos com as suas histórias.

Eu sorri de volta, e nós conversamos como amigos.

Que sensação maravilhosa! Mãe e filho, juntos, duas gerações da mesma família, encontraram significados enriquecedores em um livro que eu havia lançado meses antes. Nada consegue ser mais gratificante do que você se sentir capaz de acrescentar algo bom na vida das pessoas. Olha, vou ser sincero, isso não tem preço.

Como jornalista e escritor, meu ofício é comunicar, seja pela escrita ou pela fala. Após tantos anos acumulando conhecimentos, fico entusiasmado ao dividir com você o melhor da minha experiência, que irá te ajudar a falar melhor em todas as situações.

Certamente, esta obra será a minha maior contribuição para o seu desenvolvimento pessoal e profissional.

Falar bem é uma habilidade de fundamental importância na sociedade, porém, ainda gera um certo temor para alguns. Por isso, este livro possui a capacidade real de mudar o seu futuro.

De você, eu espero foco e dedicação.

Daqui a um tempo, quando a gente se encontrar, serei eu a te dizer: "o seu desempenho enriqueceu a minha vida".

A NOSSA PARCERIA MUITO PRAZER

Neste livro, formaremos uma parceria sólida com ganhos visíveis a curto prazo.

Depois das apresentações iniciais, você deixará a condição passiva e se tornará participante desse processo de enriquecimento pessoal e profissional.

De início, vamos mostrar uma lista de metas e objetivos facilmente alcançáveis com essa nossa parceria. Mais do que objetivos, os pontos elencados na próxima página constituem benefícios para a sua vida.

Vire essa página, leia atentamente cada um dos itens da lista e mentalize positivamente cada um deles.

Depois, selecione os benefícios que mais almeja, aqueles que irão trazer a você total realização, e mentalize-os novamente de forma positiva.

Pronto, pode virar a página.

» METAS E OBJETIVOS

Falar com segurança e convicção irá mudar para melhor a sua vida em todos os aspectos, seja na carreira, nos estudos e nas relações pessoais.

Entre os benefícios, falar bem contribui para:

- Aumentar a nossa autoconfiança;
- Impulsionar a nossa carreira;
- Melhorar a nossa imagem;
- Elevar a nossa renda;
- Motivar pessoas;
- Disseminar conhecimento;
- Criar oportunidades para liderar;
- Fortalecer a nossa autoestima;
- Aprimorar as relações interpessoais;
- Fomentar a autovalorização;
- Aperfeiçoar nossas habilidades de comunicação;
- Amplificar o pensamento crítico;
- Facilitar a socialização;
- Aprender a persuadir e a vender;
- Dominar idiomas estrangeiros;
- Ensinar um número maior de pessoas.

Como você acabou de ver nesta lista, os ganhos permeiam todas as esferas da sua vida e trazem benefícios para você, para a sua família e para a sociedade.

» O AUTOR

Rafael Fontana é jornalista, escritor e professor com 26 anos de carreira em diferentes áreas da comunicação.

Um dos maiores especialistas do Brasil em treinamentos de executivos, políticos e pessoas públicas, atua, ao mesmo tempo, na prevenção de riscos e no gerenciamento de crises em comunicação.

Ao longo de duas décadas, participou ou coordenou mais de 50 *media trainings* e "CPI *trainings*", preparou pessoas convocadas a depor nas Comissões Parlamentares de Inquérito da Câmara dos Deputados e do Senado Federal.

No início da internet no Brasil, foi responsável pela produção e locução dos boletins de notícias em formato *slideshow* na AOL Time Warner, maior conglomerado de mídia e entretenimento do mundo no começo deste século.

Em Brasília, dirigiu o escritório da S2Publicom Weber Shandwick, braço do IPG (Interpublic Group), o principal grupo de comunicação empresarial, propaganda e marketing do mundo, que tem sede nos Estados Unidos e escritórios em 80 países.

Na cidade de Shijiazhuang (China), atuou como professor na Universidade de Comunicação de Hebei, onde ensinou a estudantes chineses Língua Portuguesa e tradução, além de colaborar no desenvolvimento da capacidade dos alunos estrangeiros de falarem o português.

Trabalhou na Rádio Internacional da China (CRI), em Pequim, onde acumulou a função de editor e locutor de notícias. Ainda na China, treinou profissionais chineses para narrar notícias de rádio e vídeos em língua portuguesa.

Em 32 meses, de setembro de 2019 a maio de 2022, fez 640 horas de lives na internet sobre comunicação, mídia e geopolítica, uma média de 20 horas por mês, totalizando 30 milhões de visualizações.

Além do português, o autor fala inglês e espanhol com fluência, e também se comunica em chinês e italiano.

» COLABORADORES

Fernanda Fontana é fonoaudióloga formada pela USC — Universidade do Sagrado Coração (1995), pós-graduada em Psicopedagogia pela UNORP — Centro Universitário do Norte Paulista, e audiologia clínica pelo CEDIAU — Centro de Estudos dos Distúrbios da Audição. Trabalhou por oito anos com educação precoce na APAE. Fernanda atua como fonoterapeuta e audiologista. Em janeiro de 2022, iniciou um Curso de Aprimoramento em IHF (Identificação Humana Forense) para atuar como perita nas modalidades voz, fala, face e linguagem.

Eduardo Meira é empresário, professor e músico profissional. Poliglota, Eduardo morou quatro anos na China, de 2013 a 2017, período em que ensinou estudantes chineses em cursos de tradução para a Língua Portuguesa e para o Espanhol. Meira fala fluentemente português (nativo), chinês, inglês e espanhol, além de se comunicar em russo e francês para assuntos do dia a dia. Atualmente, Meira tem se dedicado aos estudos de árabe e italiano.

» A TRAJETÓRIA

MISSÃO DADA

Em 2017, quando eu trabalhava na Rádio Internacional da China, recebi a missão de ensinar uma jovem chinesa a falar bem nos programas de rádio e TV. Detalhe: ela precisava gravar em português, não em chinês. Dois anos depois, um vídeo dela nas redes sociais em português foi visto por mais de 5 milhões de brasileiros.

Vou repetir o número: 5 MILHÕES.
Missão dada, missão cumprida.

Essa é a história de Luana J., uma chinesa que mal conseguia articular em Língua Portuguesa quando a conheci, mas em pouco tempo deslanchou e ficou famosa nas redes sociais em outros países e falando um idioma estrangeiro totalmente diferente do seu.

Se uma cidadã chinesa é capaz de fazer sucesso falando português, **IMAGINE VOCÊ**. Diante deste exemplo, você não tem o direito de se intimidar com uma câmera e um microfone, muito menos em frente a uma multidão, dentro de uma sala de aula ou um auditório lotado.

Da mesma forma que eu a ajudei, farei o mesmo com cada uma das pessoas que lerem este livro. Dentro de sete semanas, você irá se comunicar muito melhor do que hoje, com mais objetividade e segurança.

Mágica? Não. Não existe mágica neste processo, até porque eu não conseguiria nada sozinho. O sucesso nesta missão iniciada agora depende mais de você do que de mim. Seremos parceiros.

Milagre? Sim, existe milagre. O milagre somos nós.

Ao avançarmos juntos nos capítulos deste livro, eu lhe oferecerei os instrumentos, os caminhos e a orientação, mas caberá a você se empenhar para evoluir a cada etapa. Em breve, você terá condições de caminhar com seus próprios passos, aperfeiçoando continuamente suas habilidades.

Eu irei lhe entregar as ferramentas necessárias, e, da mesma forma que você confia no meu trabalho, confio no seu potencial.

O quê? Você ainda está pensando na chinesa? O número de 5 milhões continua martelando na sua cabeça, não é? Afinal, um vídeo desses na plataforma correta pode render algo em torno de R$ 30 mil.

É normal você estar se perguntando como eu fui capaz de dar a ela o impulso inicial. Pois bem, agora vou lhe contar um breve histórico da minha capacitação para ensinar as técnicas de fala, vídeo, entrevistas, locução, oratória, apresentação e discurso, entre outras áreas da comunicação, tanto em português quando em idiomas estrangeiros.

AUDIÊNCIA DE 300 MILHÕES

Depois de passar anos treinando executivos e porta-vozes de empresas e governos, apliquei em mim mesmo o conteúdo desses treinamentos. Eu o fiz em algumas oportunidades, e me lembro da entrevista que concedi à TV chinesa durante o 19º Congresso do Partido Comunista Chinês em 2017. Naqueles dias, junto com outros nove profissionais de nove países, cada um em sua língua nativa, nós preparamos a versão do discurso a ser proferido pelo presidente chinês, Xi Jinping, neste que é o evento mais importante da China e só é realizado a cada cinco anos.

Para coroar o trabalho, fomos entrevistados pelos veículos de mídia do país, falamos a jornais, portais da internet e emissoras de TV. A entrevista televisiva era a mais importante. Nesse nosso grupo de dez estrangeiros, apenas eu e os colegas do Vietnã e do Laos atuávamos no mercado de trabalho como jornalistas. Os demais trabalhavam como tradutores, linguistas e escritores. A entrevista seria individual, e cada um de nós entrou sozinho na confortável sala adaptada como estúdio, onde nos aguardavam os repórteres chineses.

Cada entrevistado permaneceu, em média, 30 minutos na sala. Menos eu, que saí em 10 minutos. E os colegas me perguntavam:

— O que houve? Você não vai participar da entrevista?

Sorrindo, eu explicava que a minha entrevista já havia terminado e que tínhamos explorado os temas mais importantes. Eles mal podiam acreditar. Graças à minha experiência, eu já sabia o que os repórteres desejavam ouvir para veicular no telejornal. E, por isso mesmo, a minha declaração foi parar no principal telejornal noturno da TV chinesa, uma mistura de Jornal Nacional com Voz do Brasil, já que sua transmissão é obrigatória nos canais estatais.

A minha entrevista, juntamente com as respostas de alguns colegas, repercutiu nos sites de notícia chineses e nas redes sociais. Assim, minhas palavras atingiram um público estimado em 300 milhões de pessoas, o equivalente a uma população e meia do Brasil. Naquele momento, tive a certeza de que meus ensinamentos eram mesmo valiosos, pois eu pude prová-los na prática.

CRIANÇA TÍMIDA

Nada de achar que os resultados caem do céu. Já passei por incontáveis dificuldades e desempenhos ruins durante a vida, mas perseverei, estudei, me esforcei para superar toda sorte de desafios.

Como muitos de vocês, na infância, eu era uma criança tímida. Não a mais tímida do bairro inteiro, mas confesso que eu admirava amigos e colegas da escola que se destacavam por falar na hora certa, arrancavam risos da nossa turma e recebiam elogios dos professores mais pela desenvoltura oral que pelas notas obtidas nas provas. Eram muito mais articulados do que eu. Minha irmã e meu irmão também eram mais falantes e simpáticos.

Meu pai, bancário, sempre nos estimulou a ler, desde pequenos, nem que fossem as histórias em quadrinhos, na maioria das vezes gibis da Disney, da Turma da Mônica e histórias de super-heróis, além da revista *MAD*, que, naquela época, era a leitura mais subversiva ao alcance de uma criança.

Minha mãe, dona de casa e vendedora de cosméticos, era o melhor exemplo de comunicação que tínhamos dentro do lar. Afinal, ela precisava gastar saliva para vender seus produtos e, assim, complementar a renda da família.

Em casa, sempre tínhamos acesso a livros, jornais e revistas, e meu gosto pela leitura acabou me ajudando a aperfeiçoar minha escrita, tornando as minhas redações no colégio alvo de constantes elogios dos professores. Ávido pelo noticiário, meu interesse pelo jornalismo só aumentava, então, na hora de prestar vestibular, escolhi a área de comunicação social, na qual me formei.

Durante o curso de jornalismo, meu desempenho nas áreas práticas superavam com folga o das disciplinas teóricas. O professor de rádio, infelizmente, não nos ajudava muito. Ele estava mais interessado em encerrar a aula pela metade do que em nos ensinar alguma coisa. Além disso, a estrutura da universidade pública sempre foi um caos, os equipamentos não só eram ultrapassados como sempre davam problemas.

O professor de jornalismo televisivo, por outro lado, mesmo lecionando na universidade pública, era um apaixonado pelo seu ofício. Milton Campos se comprometia com os resultados como poucos. Dando tragadas no seu charuto, contava-nos sobre a realidade de um estúdio de TV. Entre uma baforada e outra, mencionava o glamour de se trabalhar na televisão, ao mesmo tempo que nos alertava para as armadilhas, os riscos e as dificuldades em lidar com o cronômetro e a pressão diária do noticiário ao vivo.

Ao final dos semestres, depois de muito esforço e dedicação, consegui me classificar entre os alunos com nota mais alta em jornalismo televisivo e, pela primeira vez, me senti à vontade ao falar no vídeo. Uma atividade que certamente me ajudou a ganhar confiança foi o teatro. Havia um curso amador gratuito da Prefeitura de Bauru, o qual frequentei por dois anos enquanto estudava jornalismo. Ao final de cada ano, precisávamos montar e apresentar uma peça teatral como forma de conclusão do curso. Os exercícios vocais, assim como os de linguagem corporal, me ajudaram a superar a vergonha e a timidez.

Antes de me formar em jornalismo, porém, todos os meus estágios haviam sido na área escrita, em assessoria de imprensa ou produção de revistas. Internet era algo novo, a gente só conhecia de nome. Em Bauru, como no restante do interior de São Paulo, o mercado para rádio e TV era bastante limitado e disputado. Quando eu ainda era um jovem repórter de jornal, o produtor de um canal de TV me procurou dizendo que precisavam de profissionais com a minha capacidade de apurar notícias e recomendou meu nome a uma grande emissora.

Chamado para uma entrevista, escolhi a melhor roupa e cheguei um pouco antes do horário agendado nos estúdios localizados em São José do Rio Preto, interior de São Paulo. Ainda na sala de espera, eu estava nervoso, mas consegui controlar a ansiedade assim que a entrevista começou, dissipando a tensão e deixando a conversa fluir. Tudo corria bem até o momento em que o editor-chefe falou:

— Olha só, você preenche os requisitos, mas estamos procurando rostos mais simétricos que o seu, pessoas que ficam mais perfeitinhas no vídeo — disse ele.

Fiquei extremamente desapontado. Em suma, ele falou que eu era torto. Para aquele canal, as habilidades e experiências de um profissional pontuavam menos que um rosto "perfeitinho". Lembrei do meu professor de teatro me dizendo, anos antes, que eu aparentava ter algum problema na voz. Pronto, agora eu acumulava mais um complexo a ser superado. No final daquela entrevista, o editor prosseguiu:

— Temos uma vaga para produtor, acho que você se sairia bem, mas não espere oportunidades no vídeo. Você pode começar na semana que vem.

Agradeci, respondi que, antes de aceitar o novo emprego, precisaria comunicar ao jornal a minha decisão. Dias depois, mudei de ideia, recusei o emprego na TV e me dediquei àquilo que realmente gostava de fazer: escrever. Continuei no jornal e consegui emplacar matérias de destaque, no momento em que a internet ainda dava os primeiros passos no Brasil. A hora de desenvolver a oratória ainda não havia chegado para mim.

SUPERANDO O MEDO DO 'AO VIVO'

Minha carreira no jornalismo impresso corria muito bem quando, em 1999, vivenciamos a bolha da internet. Aos 25 anos de idade, eu já havia trabalhado no jornal mais influente do Brasil, a Folha de S. Paulo, e acabara de receber uma proposta do concorrente, O Estado de S. Paulo, ao mesmo tempo que fui convidado a trabalhar no maior provedor de internet do mundo, a America Online, também em São Paulo. Optei pela internet, mesmo recebendo um salário um pouco inferior ao dos jornais. Eu estava apostando no futuro, não na renda, e faria isso outras vezes no meu percurso profissional.

Em questão de meses, houve uma fusão na empresa e nos vimos inseridos naquele que era, até então, o maior conglomerado de comunicação do mundo, o grupo AOL Time Warner. Pela primeira vez, exercitei a minha locução, narrando os boletins diários de notícias no formato *slideshow*. Era uma novidade no alvorecer da internet e o resultado em termos de audiência revelou-se bastante satisfatório.

Por outro lado, eu não estava muito feliz com a minha locução, soava como uma mistura de estilos de jornalistas já consagrados na TV. Eu precisava criar meu próprio estilo, algo mais natural, relativo à minha personalidade. Porém, antes disso, perdi o emprego e acabei me mudando para Brasília.

Na minha primeira ocupação na capital do país, finalmente consegui desenvolver um estilo próprio produzindo boletins de rádio sobre educação. Eu era subcontratado pelo Ministério da Educação e minhas falas passaram a circular em emissoras de rádio de várias regiões brasileiras. Os boletins eram quase sempre gravados antecipadamente, não ao vivo, uma grande vantagem para os inexperientes como eu.

Na primeira vez em que precisei entrar ao vivo, congelei. Os radialistas são profissionais incríveis, ágeis, falam com facilidade e fluência, parece que nasceram prontos. A verdade não é essa, eles também desenvolveram suas habilidades e estilos, eu me inspirava no trabalho deles. Com o passar do tempo, eu me acostumei a fazer participações ao vivo.

SENHORAS E SENHORES, BOA TARDE!

Certo dia, em um evento do ministério, o mestre de cerimônias não apareceu para trabalhar, abatido por uma forte gripe. Eu já estava no auditório para fazer uma cobertura jornalística quando a chefe do Cerimonial veio falar comigo:

— Você já fez algum trabalho como mestre de cerimônia?

— Não — eu respondi, e completei —, eu só fiz teatro.

— Ok, é quase a mesma coisa — disse ela, e prosseguiu: — Sobe lá no púlpito e comece a falar porque já estamos atrasados.

Pálido de vergonha, subi os degraus do palco como quem escala o monte Everest, carregando em minhas mãos um roteiro todo rabiscado e remendado, o papel parecia pesar tone-ladas. O púlpito ao menos servia para esconder a tremedeira dos meus joelhos. Respirei fundo, olhei para o público, eram mais ou menos 300 pessoas, reconheci deputados e senadores na primeira fila, e vi, lá no fundo do auditório, a chefe de Relações Públicas gesticulando feito aqueles homens que ajudam o piloto a manobrar o Boeing no aeroporto, como quem diz: "Vai logo, meu filho, vai logo." Respirei mais uma vez, e comecei:

— Senhoras e senhores, boa tarde! Bem-vindos à cerimônia de abertura do blá blá blá...

Olha, a performance não chegou nem perto de merecer um Oscar, mas foi segura o suficiente para, a partir daquele dia, eu ser alçado à condição de mestre de cerimônias substituto.

O HOMEM INVISÍVEL

Nos anos que se seguiram, minha atuação em Brasília exigia uma dose extra de discrição. Eu prestava assessoria para entes públicos e privados, incluindo ministérios, partidos, empresas e agências de comunicação. Minha voz, quando aparecia em algum boletim ou peça de marketing, nunca era acompanhada do meu nome.

Em 2008, comecei a prestar consultorias especializadas, incluindo no meu currículo o gerenciamento de crise em comunicação e *media training* (este último abordaremos mais adiante). Participei de treinamento de políticos, ministros e de executivos de algumas gigantes estatais e privadas, entre elas a Petrobras, Embratur, Bayer, Honda, Telefônica, Ambev e Samsung.

Vale mencionar que não existe curso de formação para o profissional de *media training* ou gerenciamento de crises. Esse é um ofício que se aprende no mercado, com a tarimba da carreira, somando a isso leituras específicas e acúmulo de conhecimento em diferentes setores.

Como referência em gerenciamento de crises, acabei sendo convocado por empresas para atuar em CPIs (Comissões Parlamentares de Inquérito) no Congresso Nacional. Valendo-me da condição de consultor e de uma densa rede de contatos em Brasília, eu conseguia circular por gabinetes de deputados e senadores, comissões e audiências públicas sem especificar quem era o meu cliente no momento.

Em cerca de oito anos, participei do treinamento de aproximadamente 30 depoentes de CPIs, sobre os mais diversos assuntos. Abastecido de informações estratégicas sobre os trabalhos da Polícia Federal, de juízes e promotores, além de senadores e deputados, eu considerava a discrição uma questão de sobrevivência.

Toda a minha capacidade retórica, assim como a oratória, só gozava de alguma serventia durante os treinamentos fechados. Fora deles, eu circulava como uma sombra pelos corredores da capital nacional, recebendo o apelido, entre alguns consultores, de *o homem invisível*.

Eu gostava do reconhecimento pelos meus esforços. Só que homem invisível, vocês sabem, não aparece.

GUINADA PARA O ORIENTE

Após um ano e meio trabalhando de domingo a domingo, em Brasília, ocupando a função de diretor da maior multinacional de comunicação do mundo, surgiu a oportunidade para eu trabalhar como professor universitário na China. O meu salário do outro lado da Terra seria o equivalente a um quarto da minha renda no Brasil, ou seja, eu precisaria abrir mão da minha vida confortável e, ao menos momentaneamente, da carreira construída a duras penas.

Não titubeei. Aceitei não só o novo emprego, mas também o desafio.

Quanto à renda, eu daria dois passos para trás, mas para ganhar impulso, pois, no futuro, eu restabeleceria o salário compatível com a minha capacidade. Assim, em 2015, eu desembarquei na Ásia para ensinar língua portuguesa a estudantes chineses em uma das cidades mais poluídas do mundo: Shijiazhuang (石家庄).

Lembram da Luana? Pois bem, quando eu a conheci em Pequim, um ano e meio mais tarde, no final de 2016, ela já havia concluído o curso de tradução na universidade e recém começara seu trabalho na Rádio Internacional da China, o que facilitou um pouco seu aprendizado. Porém — vamos viajar de volta para 2015 —, na universidade, eu precisava lidar com alunos chineses que não sabiam nem uma só palavra em português. Aliás, eles não sabiam nenhuma palavra em nenhum outro idioma, só conheciam o chinês mesmo.

A maioria das turmas era composta por mulheres, somando 80% do total. Chegavam à universidade com 17 ou 18 anos, mas pareciam meninas de 14 e 15 anos, muitas nunca tinham visto um estrangeiro na vida. Elas me olhavam espantadas quando me conheciam.

Hoje, dezenas das minhas ex-alunas trabalham em empresas chinesas espalhadas por diversas metrópoles do seu país ou pelo mundo, em nações como o Brasil, Portugal e Angola. Várias dessas jovens já ocupam posições de liderança e ganham um salário bastante alto para suas idades. Se eu consegui ensiná-las a se comunicar em português, então é muito mais fácil fazer o mesmo com brasileiros, nativos da língua.

Só preciso de uma coisa: que vocês se dediquem como elas. Vamos começar?

A SUA GRANDE VANTAGEM

Toda a experiência que acumulei será transferida a você a partir de agora. Anos de estudo, prática e atuação profissional lhe serão entregues de forma concisa e atual no mais completo guia já publicado no Brasil sobre oratória, vídeos, apresentações, discursos, idiomas, debates e outros temas afeitos à fala e à comunicação.

» DUAS QUESTÕES

1 — POR QUE FALAR BEM?

A fala é a mais efetiva de todas as formas de comunicação. Nós aprendemos a falar antes de aprendermos a escrever, e a popularização das ferramentas de tecnologia nos expõe cada vez mais à necessidade de uma comunicação eficiente, seja na vida social ou profissional.

Ao falar com segurança e propriedade, transmitimos credibilidade e confiança. Isso nos ajuda no marketing pessoal, nos vídeos da internet, nas reuniões de trabalho, no grupo da igreja, nas vendas da loja, na defesa no tribunal, nas apresentações do colégio, na entrevista de emprego, nas redes sociais e no envio de mensagens de voz, entre dezenas de outras atividades.

Mais recentemente, a capacidade de falar bem gerou oportunidades incríveis para obtenção de renda de formas jamais imaginadas até poucos anos atrás. Bons comunicadores de diferentes áreas se beneficiaram das novas tecnologias para desenvolver carreiras, conseguir milhares de seguidores e lançar canais nas plataformas digitais, além de promover produtos e serviços com seu marketing pessoal.

Vou contar uma história bem rápida: enquanto eu me decidia se voltava da China para o Brasil, pela primeira vez ouvi falar no termo "infoproduto". Para quem desconhece o termo, vou simplificar, trata-se basicamente de cursos *on-line*. Um amigo meu, o Marcelo A., estava decidido a fechar sua agência de publicidade para investir nesta nova área.

— Você está louco? — falei para ele. — Como vai abandonar sua carreira consolidada para dar aulas na internet?

Muito articulado e confiante, Marcelo me garantiu que seu novo negócio daria certo. Três anos depois dessa conversa, seu curso *on-line* já contabilizava uma renda 200% superior aos ganhos da agência de publicidade.

Caiu do céu? Não.

Foi fácil? Também não.

Mas valeu a pena?

— Sim, valeu muito a pena — ele me disse recentemente. — A minha agência de publicidade estava estagnada fazia uns dois anos, estávamos contraindo dívidas. Agora, neste novo ramo, todos os anos crescemos pelo menos 40% — Marcelo me contou.

Assim, uma boa ideia tem muito mais chance de gerar bons frutos se você for capaz de se comunicar de forma eficiente para um grande número de pessoas.

2 — EXISTE DOM PARA FALAR?

Não existe talento de apresentação, isso se chama habilidade de apresentação.
DAVID J.P. PHILLIPS, orador motivacional sueco.

Você, eu e bilhões de seres humanos nascemos sabendo falar o mesmo tanto, ou seja, absolutamente nada. O único som que sai da nossa boca nos primeiros meses é o choro, além de um ou outro arroto depois de mamar. Os bebês choram em uma tentativa de dizer: "estou com fome", "sinto cólicas", "quero dormir", "pessoal, eu acordei", e por aí vai.

Portanto, passou da hora de desmistificar essa lenda urbana de "dom para falar". A gente desenvolve a fala no decorrer da nossa vida por pura necessidade. Somos seres sociais e a comunicação revela-se uma ferramenta importante para atingirmos os nossos objetivos.

Quer um exemplo de como somos influenciados pelo ambiente em que crescemos? Vamos lá: mesmo hoje, em pleno século XXI, se uma criança recém-nascida for abandonada em uma floresta e criada por lobos, ela irá se comunicar como os lobos. Só conseguirá latir, ganir e uivar. Se a criança for criada por chimpanzés, também só será capaz de reproduzir o som dos chimpanzés. Isso é um fato, uma realidade, há histórias como essas em vários continentes.

Compreendeu que o desenvolvimento de habilidades supera o que chamamos de dom? É muito importante você entender isso.

CONCLUINDO:

— NÃO, não existe dom natural para falar bem.

— SIM, você é capaz de falar tão bem quanto os melhores oradores do mundo. Basta absorver o conteúdo deste livro completamente, investir nas suas potencialidades e treinar bastante em busca do melhor resultado.

PARTE 2

O DESAFIO COMEÇA AGORA

» METODOLOGIA

Propomos que você leia este livro e pratique todos os seus exercícios em um prazo de 7 semanas.

Este é o período adequado para compreender o conteúdo, absorver o conhecimento e executar as atividades de forma cadenciada, aperfeiçoando a sua fala a cada semana.

O ideal é dedicar uma média de 4 a 5 horas por semana para ler os capítulos e realizar as práticas propostas.

Em apenas 1 mês, você perceberá a evolução na sua capacidade de se expressar. E, em menos de 2 meses, você se sentirá capaz de gravar vídeos, fazer locuções e discursar em público com muito mais confiança e desenvoltura.

O livro se desenvolve em 7 partes, mas não significa que você irá dedicar uma semana exata para cada uma das partes. Organize-se segundo o seu ritmo de aprendizado e use os capítulos como uma referência aproximada do tempo necessário para completar seu percurso.

Para ficar mais claro: se você concluiu a leitura e os exercícios de um capítulo em 6 dias, então dedique 8 dias para o próximo capitulo. Tente manter a média de uma semana para cada capítulo, incluindo eventuais revisões de conteúdo.

Adote intervalos periódicos, porque enquanto o consciente descansa, o subconsciente continua trabalhando, processando as informações e formatando sua programação mental.

Além do livro, iremos disponibilizar vídeos na internet para auxiliar a sua contínua evolução.

» PRÁTICA INICIAL: Leitura e vídeos

Tempo estimado: 1h a 1h30.

☑️ Material necessário

- 1 (um) celular, câmera ou gravador;
- 1 (um) bloco de notas;
- 1 (uma) caneta.

Para começar a sua programação mental, você deverá fazer estes três exercícios **ANTES** de ler qualquer outro tópico deste livro. É hora de demarcar o seu estágio inicial, o ponto de partida, você precisa registrar a sua fala antes de ler o restante da obra.

Uma coisa precisa ficar bem clara desde já: a sua honestidade consigo mesmo é fundamental para o seu desenvolvimento. Qualquer forma de trapaça nos exercícios só trará prejuízos a você mesmo, e a ninguém mais.

Portanto, foco! Dedicação!

Vamos aos exercícios, são três práticas bem simples:

1. Na primeira, você gravará o texto a seguir.

2. Na segunda, você irá falar sobre um assunto de que gosta e domina.

3. Na terceira, você escolherá para gravar um assunto totalmente desconhecido.

PRÁTICA 1: Leitura

Você irá gravar em voz alta o texto a seguir intitulado *Futebol para chinês ver*. Para ensaiar, você pode ler no máximo três vezes antes de gravar.

Na quarta vez, grave um vídeo de até 2 minutos com a leitura deste texto.

Tudo pronto? Comece agora, valendo.

Futebol para chinês ver

Por mais estranho que pareça, cada vez que eu voltava para a China, eu me sentia em casa. Afinal, sem endereço no Brasil, a minha residência estava mesmo em Pequim. Ao contrário de 2017, quando recebi apenas a visita do meu irmão com sua esposa, em 2018 a programação de visitantes seria extensa, começava em janeiro, sem previsão de fim, emendando uma visita na outra.

Era o ano da Copa do Mundo na Rússia, e a China respirava futebol mesmo sem ter se classificado para o mundial. Nos últimos anos, o futebol se tornara talvez o esporte mais popular entre os chineses, deixando para trás modalidades como pingue-pongue, basquete, vôlei, *badminton*, natação e ginástica olímpica.

No Brasil, o futebol concentra quase a totalidade das atenções, diferentemente de outros países, como os Estados Unidos, onde futebol americano, basquete, beisebol, golfe e hóquei sobre o gelo alcançam milhões de espectadores, sem contar com uma dezena de outros esportes praticados por todo o país.

Na China também ocorre uma distribuição mais equitativa das práticas esportivas. No norte, onde é mais frio, os esportes de inverno, como o esqui, *curling* e patinação no gelo, são praticados por milhares de chineses. No sul, mais quente, a natação, o atletismo, os saltos ornamentais e o ciclismo, por exemplo, atraem outra multidão de praticantes.

Só que o futebol ampliou ainda mais o seu *status* após Xi Jinping ascender à presidência. Entusiasta do esporte, o presidente chinês traçou metas ambiciosas. A primeira, mais fácil, será sediar uma Copa do Mundo em território chinês. A segunda, já é um pouco mais ousada: conquistar o título mundial até 2050.

Levando-se em consideração a limitada habilidade dos chineses com a bola nos pés, a tarefa parece bem complicada.

(Trecho extraído do livro *Chinobyl*, com adaptações)

Pronto, terminou? Esse exercício foi muito fácil, não? Admita. Fácil, porém importante.

EXERCÍCIOS SEMANAIS

Como fez agora, no decorrer das próximas 5 semanas você deverá gravar um total de 20 textos; Devem ser 4 textos por semana, para exercitar sua fala e interpretação.

Selecione os textos na internet, em livros, revistas, jornais ou ainda falas de personagens de filmes, novelas ou seriados, textos que levem, cada um, de 2 a 3 minutos para você ler.

Depois ouça a sua voz no áudio, veja os pontos que deseja melhorar e grave de novo. Isso fará você evoluir notavelmente a cada semana.

Escolha TEMAS DIVERSOS. Evite conteúdos repetidos. Desafie-se.

Estratégia! Foco!

Agora vamos para a segunda prática dos exercícios iniciais.

PRÁTICA 2: Vídeo sobre algo que você gosta

Do que você gosta pra valer?

Pense em qualquer assunto que você domine bem, pode falar sobre o seu time do coração, sobre *crossfit*, musculação, uma nova dieta; que tal culinária, cinema ou um tema ligado à política? Ou saúde, jardinagem, moda, costura, arquitetura, carros, games, viagem... Se quiser, pode falar de cervejas, livros, meio ambiente, religião, tecnologia, animais de estimação, enfim, um tema que desperte verdadeiramente a sua paixão.

Essa tarefa é bem fácil.

Primeiro, rascunhe os pontos principais desse assunto, pode ser na forma de tópicos.

Depois, grave um vídeo de 2 a 3 minutos falando sobre o assunto, algo que você domine bem. Faça o seu melhor, como se estivesse participando de um programa de TV, gravando um vídeo na internet ou até mesmo contando uma história para os amigos.

Tudo pronto? Pode começar.

PRÁTICA 3: Vídeo sobre um assunto que você NÃO domina

Agora, essa tarefa envolve um pouco mais de leitura e estudo. Você irá escolher um assunto que desconhece. Informe-se sobre ele durante 15 a 30 minutos, busque as informações na internet, leia, faça um rascunho com os pontos mais importantes, memorize o conteúdo e depois grave um vídeo de 2 a 3 minutos sobre esse tema desconhecido.

Listo aqui alguns assuntos que podem ser usados:

- Segunda Guerra Mundial;
- Eleições francesas;
- Perfumes famosos;
- Grandes filósofos gregos;
- A origem do smartphone;
- Quem foi Sidarta Gautama?;
- Espadas samurais;
- Primeiro homem a pisar na Lua;
- Ranking das maiores economias do mundo;
- Culinária: como fazer um panetone;
- As cerejeiras do Japão;
- Um resumo da independência dos EUA;
- As obras-primas de Leonardo da Vinci;
- A história do Império Inca;
- Vida e obra de Clarice Lispector.

Sinta-se livre para escolher qualquer tema, desde que você, até agora, não o conheça de fato.

Depois de ler sobre o assunto e pensar no que irá falar, como se fosse uma aula ou uma *live* na internet, comece a gravar.

A postos? Vamos lá!

Após terminar essas três práticas, armazene os vídeos.

Se achar prudente, envie também para alguém de sua confiança para ter uma cópia.

ATENÇÃO: quando estiver no fim deste livro, você precisará rever essas gravações.

» A FÓRMULA CAT & DOG
(Gato e Cachorro)

A fórmula CAT & DOG irá melhorar para sempre a forma como você se expressa.

Para iniciar esse conceito, vamos conversar antes sobre os três exercícios de leitura e vídeos que você realizou na Prática Inicial. Nós nos sentimos mais à vontade nos dois primeiros, não é mesmo? Isso porque, no primeiro exercício, o conteúdo já estava disponível para uma simples leitura. No segundo, falamos sobre algo que conhecemos bem. Foi moleza.

Já no terceiro, a dificuldade aumentou, porque o assunto era desconhecido, ou até um pouco chato para o seu gosto pessoal.

Com isso, vem o primeiro ponto crucial para falar bem: o conteúdo.

C = CONTEÚDO

O conteúdo é o alicerce da sua fala. Inexiste fórmula mágica quanto a isso. Ou você sabe, ou fica calado.

Como dizia o 16º presidente dos Estados Unidos, Abraham Lincoln: "É melhor calar-se e deixar que as pessoas pensem que você é um idiota do que falar e acabar com a dúvida."

A nossa proposta aqui é desenvolver a fala em toda a sua plenitude. Você já reparou que todas as pessoas de destaque em suas áreas de atuação possuem muito conteúdo?

É isso! Elas têm o que falar.

Economistas, empresários, comerciantes, religiosos, jornalistas, vendedoras, artistas, advogados, publicitários, corretores de imóveis, médicos, políticos, enfim, para ter o que falar é preciso estar bem-informado e dispor de conteúdo sobre os assuntos que irão impulsionar seus estudos, sua carreira e sua vida pessoal.

E como podemos obter um conteúdo rico e diversificado?

Com certeza não será vendo vídeos engraçadinhos nas redes sociais, e muito menos assistindo a novelas.

Então, para ser uma pessoa rica em conteúdo, leve a sério a partir de agora as seguintes rotinas:

- **Dedique-se à leitura de livros, de notícias, de estudos e de pesquisas;**
- **Assista a documentários que acrescentem a você novos conhecimentos;**
- **Busque vídeos, aulas e podcasts na internet com os assuntos necessários para a sua formação, bem como para o seu desenvolvimento pessoal e profissional;**
- **Veja filmes conceituados, leia poemas e escute músicas que enriqueçam o seu vocabulário.**

📢 IMPORTANTE: Foco, estratégia!

Para mudar sua vida para melhor é necessário se livrar de antigos vícios e influências negativas o quanto antes, como jogos de azar, games, festas e amigos festeiros, além de vídeos e memes infinitos nos meios digitais.

Cerque-se de pessoas que busquem os mesmos objetivos que o seu, sem atrasos nem procrastinações.

O conhecimento é a pedra angular para você começar a falar com propriedade e segurança. As pessoas admiradas não são sábias por natureza, elas buscam conhecimento o tempo todo.

Assim, é o conteúdo que irá te levar até a segunda condição para se comunicar bem: a autoconfiança.

A = AUTOCONFIANÇA

Quanto mais conteúdo, maior será a sua autoconfiança. Afinal, as pessoas começarão a se interessar pelo que você tem a oferecer, elas perceberão os ganhos em te ouvir. Cada frase sua receberá mais atenção, já que elas passam a acrescentar aprendizagem aos seus interlocutores.

Um amigo meu, gaúcho de Pelotas, certa vez me falou: "Sabe por que faço questão de tomar um café contigo sempre que tenho oportunidade? Porque eu sempre aprendo algo novo."

Foi um dos maiores elogios que recebi em toda a minha vida.

A autoconfiança, portanto, se alimenta da receptividade à sua fala cada vez mais recheada de conteúdo instigante.

Confiança não é um dom de nascença, mas uma virtude que você desenvolve no decorrer da sua vida.

Depois de angariar conteúdo e autoconfiança, vem o terceiro passo para você se tornar definitivamente um grande orador: a técnica.

T = TÉCNICA

As técnicas para melhorar a sua oratória e comunicabilidade não são ensinadas em universidades nem em cursos específicos. Algumas delas são encontradas em literaturas dispersas ou em cursos isolados, como teatro e música. Outras, fazem parte de tratamento fonoaudiológico.

No decorrer dos séculos, grandes figuras da oratória desenvolveram seus próprios estilos e caminhos para alcançar um desempenho marcante.

Nós, profissionais da área de *media training*, por exemplo, aprendemos o ofício no mercado, com anos de experiência, já que inexistem, até hoje, cursos específicos nesta área.

Pela primeira vez, um livro reúne o que há de mais atual e eficaz para soltar a sua voz e gerar confiança à sua retórica. O método **FALAR É FÁCIL** te ajudará cada vez mais, incessantemente.

Para memorizar a tríade do bem falar, basta se lembrar da palavra GATO em inglês: CAT.

Conteúdo
Autoconfiança
Técnica

O "T" dessa sigla também pode significar Treino (CAT: Conteúdo, Autoconfiança e Treino).

Também podemos usar a sigla em português:

GATO: Ganhe Autoconfiança Treinando a Oratória.

Para finalizar, é importante destacar que no mundo da oratória nós sempre falamos melhor quando o assunto versa sobre as nossas paixões, e é por causa delas que nos aprofundamos no conteúdo e despertamos fascínio nas pessoas que nos escutam. Assim, quando falamos com GOSTO, além do GATO, temos também o CACHORRO (DOG):

DOG: Domine a Oratória com Gosto.

Viu como é fácil memorizar a fórmula CAT & DOG? Lembre-se dos bichinhos de estimação mais comuns nos nossos lares, eles irão te acompanhar de agora em diante.

Cat and Dog (gato e cachorro) vão te ajudar em toda a sua jornada para aperfeiçoar incessantemente a sua oratória.

Neste livro, você irá desenvolver rapidamente a sua fala em sete semanas, e ela continuará evoluindo com mais conteúdo, autoconfiança e treino.

Com essa fórmula em mente, vamos agora dar continuidade aos tópicos importantes para aprimorar as suas habilidades.

» DISCURSOS, VÍDEOS E APRESENTAÇÕES

A atividade de falar em público acompanha a humanidade há milênios, como demonstram documentos datados desde os tempos da Grécia Antiga e do Império Romano. Textos bíblicos, por exemplo, relatam os pronunciamentos feitos pelos profetas às multidões. Mesmo séculos antes de Cristo, os filósofos gregos ensinavam seus aprendizes da mesma forma, valendo-se principalmente da voz.

Ao longo dos séculos, os discursos públicos se adaptaram à evolução da sociedade. Antes, eram feitos em espaços abertos, sejam nas colinas ou grandes anfiteatros descobertos, dependendo de uma acústica rudimentar ou natural para amplificar a voz dos oradores.

Depois, passaram a ocorrer em ambientes fechados, e com o advento do microfone, em 1877, a voz humana multiplicou a sua potência. Quase vinte anos depois, em 1896, o surgimento do rádio permitiu uma nova forma de comunicação e, após a Segunda Guerra Mundial, a popularização da TV levou à massificação das apresentações nos palcos, com os programas de auditório se propagando pelo mundo a partir dos anos 1950. Hoje, as transmissões ao vivo de internet democratizaram a troca de informações e trouxeram mais interação.

Antes de se especializar em alguma ferramenta de comunicação, nós devemos dominar a mais antiga delas: discursar em público. Se você for capaz de fazer um discurso ou uma apresentação para uma audiência presencial, todas as demais formas de comunicação apoiadas por ferramentas de tecnologia se tornarão fáceis e naturais.

Quer falar bem em público? Basta seguir as dicas a seguir.

1 — FALE SOBRE O QUE VOCÊ GOSTA

Eu não falo sobre o que não posso elogiar.
Johann Wolfgang von Goethe, poeta alemão.

Fale sobre o que você conhece, assuntos que você domina, aquilo de que gosta e o que lhe desperta interesse. Mantenha-se na sua zona de conhecimento e satisfação. A sua paixão ao tratar esses assuntos irá cativar uma legião de admiradores.

Esse é o DOG da fórmula:

DOG: Domine a Oratória com Gosto.

A paixão por um assunto facilmente se traduz em energia e autenticidade, o que é de extrema importância para quem estiver te ouvindo. Se você não estiver apaixonado pelo assunto que fala, por que alguém estaria?

A emoção atrai o público como um ímã. Se você achar que não está devidamente motivado pelo que irá falar, então adapte a sua fala até que ela se torne interessante para você. Se vai investir energia escrevendo e fazendo um discurso, deve ser sobre um assunto tão importante quanto apaixonante a seus olhos.

Você notará que não estou lhe dando nenhum conselho específico sobre conteúdo, isso porque você é quem deve ser o especialista no assunto. Afinal, se foi convidado para falar sobre ele, significa que é a pessoa de referência em seu campo.

Eu, por exemplo, não me atreveria a falar sobre flores, muito menos sobre a posição das estrelas no céu, já que são assuntos desconhecidos para mim. Se houvesse alguma necessidade de apresentar esses temas, eu os estudaria a fundo para obter uma grande performance.

Embora você não precise da minha ajuda para descobrir seus pontos fortes, usar as técnicas que acabei de compartilhar te ajudará a transmitir sua mensagem de maneira tão convincente quanto memorável.

2 — CONTE HISTÓRIAS

Isso é muito importante.

O poder de contar histórias criará imagens no seu público, manterá a atenção das pessoas e facilitará a compreensão e a fixação do conteúdo. Pode ser uma história em que você é o personagem ou algo que aconteceu com outra pessoa, mas sempre prefira histórias reais, porque somente a verdade convence.

Sobrecarregar as pessoas apenas com informações pode tornar o conteúdo maçante e dispersivo. Ao contar uma história, você terá condições de convidar as pessoas a viajar pelas suas palavras. Histórias curtas, reais e cativantes constituem uma ferramenta poderosa de comunicação.

Vou citar um exemplo pessoal: meu primeiro livro trata de geopolítica, um assunto áspero para a maioria das pessoas. Como eu poderia tornar a sua leitura agradável? Contando histórias, é claro.

Do início ao fim, eu intercalo temáticas densas com histórias pessoais, algumas delas curiosas, outras engraçadas e até mesmo dramáticas. Com o recurso da contação de histórias, atingi o objetivo de conduzir os leitores até o final da obra, mesclando informações e entretenimento ao longo do livro. Isso vale tanto para a escrita quanto para a oratória.

3 — ENTREGUE UMA PERFORMANCE EM VEZ DE UM DISCURSO

Se algo vem do seu coração, então alcançará o coração do seu público.
فوزیه کوفی (Fawzia Koofi), política afegã.

Quem já viu uma apresentação de Steve Jobs sabe a diferença entre uma performance e um discurso. Basicamente, o discurso foca nas palavras, enquanto a performance envolve vários outros aspectos e ações, esta reúne emoção, inflexões (tons), gestos, uma certa tensão, em determinados momentos, demanda a empostação da voz, a resolução de problemas, perguntas e, em alguns casos, suspense.

Essas são técnicas usadas nas artes também. Por exemplo, nós as vemos aplicadas constantemente no teatro, nas novelas, nos seriados e nos filmes. Os diálogos entre os personagens contam sempre com uma dose de inquietude e conflito, seja através de gestos, olhares, ações ou palavras, do contrário, o entretenimento passaria a ser entediante.

No teatro, em particular, os artistas trabalham duro para capturar e manter a atenção do público usando as palavras como uma das suas principais ferramentas. Portanto, depois de escrever o texto do seu discurso, ou traçar os pontos principais, continue sempre aprimorando a sua performance. Com o tempo, você escreverá pensando espontaneamente em um show toda vez que precisar falar com um grande número de pessoas, isso se tornará uma rotina tão natural quanto automática.

Portanto, carregue isso em sua mente: cada vez que você falar a um público, você, na verdade, oferecerá um pequeno show, uma atuação, uma performance.

4 — MOVIMENTE-SE, CAMINHE

Seus movimentos e naturalidade ao falar o tornam mais aberto e acessível, eles te aproximam do público e despertam a atenção das pessoas. Se você consegue transitar livremente enquanto fala, seja em uma apresentação presencial ou por vídeo, não precisará ficar sentado na frente dos seus interlocutores e muito menos se esconder atrás de um púlpito ou de uma mesa, o que muitas vezes limita o orador em vez de protegê-lo.

O púlpito pode te ajudar em alguns casos, já que funciona como uma estrutura física para camuflar o nervosismo de um palestrante inseguro. Por outro lado, pode ser uma barreira entre você e seu público. Use-o apenas quando a ocasião assim o exigir, como nas cerimônias formais. Sempre que tiver opção, ganhe confiança, supere essa barreira e movimente-se com destreza.

Caminhe com segurança e autoconfiança, seu público irá te acompanhar mais atentamente.

5 — USE RECURSOS AUDIOVISUAIS COM SABEDORIA

O abuso de recursos audiovisuais pode quebrar a conexão direta com o público, use-os com moderação. Eles devem aprimorar ou esclarecer seu conteúdo, além de capturar e manter a atenção do seu público.

Ou seja, a tecnologia, as músicas, os efeitos visuais, as telas e os painéis servem para abrilhantar a sua apresentação, não para ocupar o seu lugar.

6 — BUSQUE O MELHOR, SEMPRE

Vou ser sincero: inexiste conceito de perfeição para uma boa comunicação. Aliás, ninguém espera que você seja perfeito, mas que ofereça o seu melhor. Dessa forma, dedicar o tempo necessário para se preparar o ajudará a fazer um discurso marcante, uma performance.

Mesmo que você não neutralize completamente o nervosismo, se preparando antecipadamente, irá aprender a reduzi-lo cada vez mais. Até porque existe uma dose saudável de estresse e nervosismo, justamente eles que nos fazem manter o foco e a atenção, o que nos motiva a melhorar cada vez mais.

7 — APLIQUE CADÊNCIA E VELOCIDADE

Um tom monocórdio é tão desanimador quanto a manutenção da cadência e da velocidade da sua fala. Mude constantemente os padrões de fala: seja na velocidade, no volume ou no tom da sua voz.

Dessa forma, você conseguirá espantar a monotonia. Misturar os seus padrões de fala — no volume, na velocidade e no tom — evita que seu público seja embalado para dormir por um tom monótono. No que diz respeito à velocidade, caso você ainda esteja desenvolvendo suas habilidades de comunicação, a opção pela velocidade mais lenta é melhor do que ser rápida demais.

No entanto, se você fala rápido naturalmente, então recomenda-se criar pausas em seu discurso dizendo coisas como: "Agora, pense nisso por um momento" ou "Você já se questionou sobre isso?". Respire, olhe as pessoas (ou a lente da câmera), dê uma pausa, depois volte a falar. O público leva mais tempo para processar suas informações do que você leva para apresentá-las. Dê-lhes tempo para refletir sobre uma mensagem brilhante e eloquente.

≫ MEMORIZAÇÃO

Devemos memorizar o discurso?

Algumas pessoas preferem memorizar discursos e apresentações, outras, não. De qualquer forma, sugiro descartar a ideia de decorar literalmente o que você irá falar. Na opinião de quem estuda oratória, decorar a fala pode fazer com que o discurso soe robótico.

Então, para ficar claro: o excesso de confiança na memorização literal pode resultar em uma fala artificial, sem estilo e entediante.

Veja bem, o problema não está na memorização em si, mas na formatação do discurso.

Se você for capaz de memorizar o texto dentro do seu estilo pessoal, então sua fala soará natural e espontânea.

Cabe deixar claro que não estamos abordando aqui a memorização de poemas, de falas de teatro, de diálogos de uma novela, mas da entrega de discursos apaixonantes e memoráveis.

Você já percebeu que bons oradores, entre os muitos que você já viu e ouviu em conferências, seminários, podcasts, ao vivo ou na internet, não são totalmente rígidos?

Eles são flexíveis, sobretudo quando há a chance de serem interrompidos pelo público, seja por meio de perguntas, comentários ou reações coletivas, como risadas, gritos e palmas.

No meu entendimento, baseado em anos de experiência, a memorização de tópicos e assuntos é fundamental, mas não vale a pena decorar falas completas.

Resumindo: quando você se deparar com críticas à memorização de discursos, considere fazer uma ressalva a essa forma de memorização engessada e literal.

E o principal: cada pessoa possui uma relação própria com a memorização, então avalie o que é melhor para o seu caso em particular.

Prefere memorizar? Ok, é muito fácil

Falar em público de memória se torna muito mais fácil depois que dominamos a fórmula CAT & DOG.

Quando você conhece a fundo o assunto do seu discurso, a ponto de dispensar a apresentação e suas anotações, a sua autoestima dispara como um meteoro, isso é o que defende Ron White, duas vezes campeão de um famoso concurso de memória nos Estados Unidos. Acreditem, ele é capaz de memorizar o nome de 80 pessoas que acabou de conhecer em um evento.

Mas não precisamos ser campeões de memorização desses que decoram a sequência de 40 cartas de baralho em um minuto. Nada disso, a gente só precisa de algumas técnicas simples.

E assim que você aplicar as técnicas a seguir, sua confiança permitirá que você mantenha contato visual com o público, sem se fixar em cartões de leitura, tornando sua apresentação mais dinâmica e sua oratória extremamente poderosa.

Além disso, você parecerá mais bem-informado para o seu público quando obtiver total confiança.

Agora, iremos falar sobre algumas técnicas e práticas para memorizar um discurso ou apresentação de forma simples e rápida.

1 – FOCO

A arte de memorização dos tópicos do seu discurso está na sua capacidade de se concentrar. Portanto, foco!

Nada de distrações durante esse processo. Deixe o celular de lado, desligue a TV, o rádio e tudo o que possa te distrair. Preste atenção exclusivamente no estudo do assunto a ser apresentado, assim como na elaboração e na memorização dos principais pontos do seu discurso.

2 — ESCREVA SEU DISCURSO

A leitura traz ao homem plenitude; o discurso, segurança; e a escrita, precisão.
Francis Bacon, filósofo e político inglês.

O primeiro passo para memorizar um discurso é escrevê-lo. Existem duas maneiras de fazer isso:

- **Escrevê-lo exatamente como deseja falar ao seu público;**
- **Optar por escrevê-lo como um roteiro.**

Aqui, novamente, a escolha é individual, então, opte pelo modelo que lhe trouxer mais conforto e segurança. Se você se sente à vontade para memorizar o conteúdo na íntegra, escreva e memorize o texto inteiro.

Contudo, se você estiver mais familiarizado com a fala baseada em um roteiro, trace um *script* com todas as informações que você precisará no formato de tópicos. O esboço será o suficiente para memorizar o fluxo de seu discurso.

Este segundo modelo é o meu preferido: um roteiro com os pontos mais importantes.

Identifique o que for melhor para o seu caso particular e siga adiante!

3 – PRATIQUE

Depois de escrever, o segundo passo é ler em voz alta. É fundamental ler logo depois de escrever, pelo menos uma vez, só para saber como ele soa antes de memorizá-lo.

Ao lermos nossa apresentação em voz alta, somos capazes de identificar algumas partes pouco claras e fazer as alterações necessárias. Trata-se do processo de edição, ou seja, de limpeza e lapidação do discurso, que é muito parecido com a edição de notícias. Neste momento, você ainda pode excluir, adicionar ou reorganizar alguns trechos do texto.

Assim que a versão final estiver pronta, leia novamente.

4 — MEMORIZE OS PONTOS MAIS IMPORTANTES DO SEU DISCURSO

O que é mais importante no seu discurso? Elenque os elementos-chave e hierarquize a sua exposição de ideias.

> **DICA:** Faça uma introdução logo no começo do discurso, isso te ajudará a se lembrar dos pontos principais.

Se você possui facilidade com números, enumere as partes do seu discurso, eu faço isso com frequência.

O conteúdo mais importante deve vir no começo. Muitos profissionais são adeptos dessa estrutura, deixando a parte menos relevante para o final.

Mesmo porque, muitas vezes há um tempo cronometrado para você falar e pode ser que, por algum motivo, de última hora, precisem reduzir o tempo da sua apresentação. Então, é melhor hierarquizar, isto é, trazer os temas mais importantes para o começo.

Para exemplificar a hierarquia de um discurso, imagine que você precise executar uma apresentação de vendas, que pode seguir este roteiro:

- **Descreva o problema, a necessidade. (Introdução)**
- **Apresente o seu produto ou serviço. Ou seja, a solução. (Desenvolvimento)**
- **E, por fim, como adquirir o seu produto. (Conclusão)**

O roteiro assemelha-se, portanto, a uma redação dissertativa, dessas que aprendemos na escola. Contém basicamente estes três passos:

- **Introdução;**
- **Desenvolvimento;**
- **Conclusão.**

Agora, vou deixar uma sugestão de técnica para memorizar os pontos principais de um discurso, eu mesmo sigo este padrão:

- **Escreva-o no computador, ou em um bloco de notas, ou imprima em uma folha de papel;**
- **Cubra o texto e tente se lembrar do que escreveu, sempre do começo para o fim;**
- **Repita por alguns minutos até memorizar cada etapa do discurso;**
- **Refaça o procedimento momentos antes da apresentação, ela agora estará fixa na sua memória.**

E lembre-se: ao exercitar seu discurso, concentre-se nos pontos principais, no conteúdo, sem se preocupar em repetir as palavras com exatidão.

Mais uma vez: foco!

Programe-se mentalmente para o sucesso.

≫AS VANTAGENS DE DOMINAR O DISCURSO

1. FALAR EM PÚBLICO MOSTRA SUA EXPERIÊNCIA

Sua capacidade de falar de forma coerente é o principal indicador para seus interlocutores, clientes e empregadores de que você realmente conhece o caminho da vitória.

Quando falamos usando nossas habilidades, sem gaguejar ou hesitar, abrilhantamos a transmissão do nosso conhecimento fazendo com que as pessoas prestem mais atenção em nós.

2. VOCÊ IRÁ AUMENTAR SUA CORAGEM

Estar confortável ao falar em público pode até levar tempo e exigir prática, mas compensa. Enfrentar uma multidão ou a câmera com discursos enérgicos irá aumentar sua coragem e autoestima. Por consequência, trará imensos benefícios para a sua vida.

3. AJUDA A CONSTRUIR RELACIONAMENTOS E CONEXÕES

Quando você se torna um palestrante em conferências e seminários, você pode se envolver mais com a comunidade. Esta oportunidade permite que você se conecte com mais pessoas em suas redes pessoais e profissionais.

Caso você esteja frequentando a escola ou a universidade, o domínio do discurso irá ajudá-lo a construir conexões com seus professores, colegas e outros alunos da instituição.

4. É UMA HABILIDADE ALTAMENTE COMERCIALIZÁVEL

Muitas empresas precisam de um profissional que apresente o valor que suas companhias agregam e os motivos pelos quais os clientes devem dar preferência a elas. Isso se aplica também ao nosso marketing pessoal e nossa venda como profissional ao mercado.

Você merece ser reconhecido como um indivíduo que uma empresa gostaria de contratar e também merece que a gerência o veja como alguém digno de promoção para que receba um aumento de salário ou um bônus.

Nós também merecemos o reconhecimento do nosso público na internet, e vamos retribuir a renda obtida nos meios digitais com mais informação de qualidade para melhorar a vida de um grande número de pessoas.

Assim, as técnicas do discurso aumentarão as suas oportunidades.

Lembre-se de que no decorrer da sua vida várias oportunidades bateram à sua porta e foram embora, certo?

A partir de agora, com autoconfiança, seu aproveitamento de oportunidades tende a aumentar consideravelmente.

Mantenha seu radar ligado para agarrar as chances que irão aparecer de agora em diante.

Você merece!

PARTE 3

VOZ E PRONÚNCIA

» POTENCIALIZE A SUA VOZ

A voz humana é o órgão da alma.
Henry Wadsworth Longfellow, poeta e educador norte-americano.

Falar consiste primordialmente em reproduzir palavras por meio de sons, portanto é de suma importância que você valorize e cuide desse seu recurso pessoal.

Para facilitar seu entendimento, usaremos a definição dos médicos otorrinolaringologistas Domingos Hiroshi Tsuji e Luciana Miwa Nita Watanabe a esse respeito: "o estágio inicial da produção vocal é um fenômeno puramente mecânico que depende diretamente da vibração adequada das pregas vocais."[1] E a vibração, por sua vez, depende fundamentalmente da passagem de ar nesta região do nosso corpo. Ou seja, estamos falando de algo muito importante no ato da fala: a respiração.

Todos nós respiramos, uma ação tão natural quanto vital, sequer pensamos que precisamos respirar. No entanto, muitas vezes não valorizamos a respiração como deveríamos no processo da fala.

Veja só, se você pedir a cantores ou atores para citar a parte mais importante da técnica vocal, 9 em cada 10 irão dizer "a respiração".

----

1. TSUJI, DH; WATANABE, LMN. The fascinating study of human vocal folds. Braz J Otorhinolaryngol, 2014.

Com o melhor aproveitamento da sua respiração, os resultados se converterão em mais potência, cadência, ritmo e pausas eficazes na sua fala.

Nosso objetivo não consiste em se aprofundar nas questões acadêmicas, portanto, vamos direto ao que interessa: à prática.

Para isso, gostaria de apresentar para você a fonoaudióloga Fernanda Fontana, que irá nos introduzir algumas questões pertinentes ao tema e exercícios para você extrair o máximo da sua capacidade vocal.

UMA IDENTIDADE: A SUA VOZ

A comunicação é a base fundamental entre as relações, que consiste na troca de entendimentos, ideias e conhecimentos entre as pessoas através da linguagem verbal e não verbal. Ela é mais do que um conjunto de palavras, se baseia também em gestos, olhares e imagens, entre outras trocas de informações.

A maneira de falar é um dos aspectos da comunicação que marca e identifica cada indivíduo. Na maioria das vezes, nossos familiares, colegas e amigos nos reconhecem pela voz quando ligamos para eles, não é mesmo? Em qualquer relação, seja ela pessoal ou profissional, a fala, a voz e a linguagem são marcadores indeléveis do indivíduo, como se fossem as "impressões digitais" da comunicação.

Como já observado pela fonoaudióloga Irene Marchesan, as alterações da fluência, da voz, da audição, da linguagem e da fala são alguns dos aspectos que podem identificar e também comprometer, em graus variados, a qualidade da comunicação.

De acordo com a fonoaudióloga Mara Behlau, a voz é uma das ferramentas primárias e mais imediata que o ser humano dispõe para interagir com a sociedade. É uma caraterística própria do indivíduo. A produção da voz está relacionada a fatores biológicos e genéticos, mas também culturais e psicossociais. Além disso, segundo a fonoaudióloga Diana Goulart, a personalidade, o estado emocional e a forma de expressar as emoções também diferenciam a voz.

A voz é uma ferramenta de comunicação e de trabalho para muitos profissionais, como cantores, professores, repórteres, youtubers, influenciadores, vendedores, feirantes, atores, padres, pastores, políticos e tantos outros. Quem trabalha com a voz deve estar atento aos cuidados e a maneira de usá-la para não haver prejuízo nas pregas vocais, também conhecidas como cordas vocais.

A emissão vocal ocorre quando o ar, saído dos pulmões, passa pela laringe, fazendo com que as pregas vocais vibrem. Além da passagem do ar e do movimento das cordas vocais, também os lábios, a língua, dentes, nariz e outras estruturas estão envolvidas no processo e atuam na modificação do som. Novamente, estamos falando da respiração, o mesmo ato que nos permite viver.

A RESPIRAÇÃO

Que é o combustível que nos mantém vivos, e, no entanto, na maioria das vezes, nem notamos a sua presença. É importante que haja equilíbrio entre a coordenação da respiração e a produção da fala, denominada coordenação pneumofonoarticulatória.

Se a quantidade de ar não é suficiente para dar conta do que você precisa fazer com a sua voz, seja na fala, no canto, em locuções ou apresentações, pode haver um desequilíbrio no percurso da respiração, gerando alterações como contração exagerada da musculatura da laringe ou excesso de ar na fonação (o ato ou processo de produzir a voz).

Na fala, o ideal é que não usemos o ar de reserva, ou seja, não podemos falar até o ar ser totalmente esgotado. Importante, também, favorecermos a respiração abdominal.

FALAR É FÁCIL | 77

Para iniciar esse tipo de respiração, vamos passar para vocês uma prática simples:

Permaneça sentado, colocando uma das mãos sobre o abdome, e sinta o quanto ele se expande e se contrai ao respirar. É preciso expandir o abdome ao inspirar, e contraí-lo ao expirar, lentamente. Se perceber dificuldade na execução, faça o exercício deitado. Repita por alguns minutos.

Após um período de treino, passe a executá-lo sentado e, posteriormente, em pé. Cada pessoa terá seu tempo de aprendizado, mas, aos poucos, você introduzirá essa respiração naturalmente no seu dia a dia e, consequentemente, no uso profissional da voz.

Além do exercício respiratório, existem os cuidados com a voz.

Vamos a eles?

>> PARA PRESERVAR A SAÚDE VOCAL

HIDRATAÇÃO

A água faz bem para o organismo e para o trato vocal. É recomendável beber água ao longo de todo o dia e dar pequenos goles durante uma palestra ou aula para manter hidratadas as pregas vocais. Esqueça a água gelada, dê preferência para a água natural, evitando choques térmicos.

ALIMENTAÇÃO

Se for fazer uso intensivo da voz, evite alimentos condimentados e pesados, como frituras. Esses alimentos dificultam a digestão e, consequentemente, a movimentação do diafragma durante a respiração.

Evite também chocolates, leite e derivados (iogurte, queijo, requeijão), que aumentam a produção de muco no trato vocal, produzindo pigarro e ampliando o esforço que deverá ser feito para produzir a fala.

Nos instantes antes de discursar ou gravar, não coma amendoim com casca, avelã, nozes, pistache ou qualquer outra castanha que tenha casca, já que podemos nos engasgar com elas.

A maçã, pelo contrário, é um alimento que interfere positivamente na voz. A fruta deve ser ingerida constantemente e incorporada ao dia a dia para garantir uma voz mais limpa e articulada. Ela é rica em pectina, substância que fornece ação adstringente para a laringe e para as pregas vocais evitando o acúmulo de secreção.

A consistência firme da maçã também auxilia no aquecimento vocal, servindo de exercício para os músculos da boca durante os movimentos de mordida e mastigação.

> **Outra dica:** contenha-se nas refeições antes de fazer um discurso ou uso contínuo da voz. Se exagerar na quantidade de alimentos, além de a digestão tirar um pouco do seu ânimo, pode ocorrer alguma forma de refluxo que atrapalhará a sua apresentação.

BEBIDAS

As bebidas gasosas devem ser evitadas ao fazer o uso da voz profissionalmente. Já bebidas alcoólicas têm efeito anestésico nas pregas vocais, levando ao abuso vocal, que ocorre quando o uso incorreto da voz gera lesões nas pregas vocais, ocasionadas, por exemplo, por falar alto, gritar, fazer um esforço acentuado e usar a voz excessivamente.

De novo, reforçamos a importância da hidratação. Água, em temperatura natural, com gotas de limão também é uma ótima opção para a voz.

POSTURA

Procure manter uma boa postura corporal ao usar a voz profissionalmente. Mulheres, atenção, evitem saltos muito altos. Importante também não vestir roupas apertadas na região abdominal e do pescoço, o que pode dificultar a respiração e gerar um esforço maior ao falar.

PIGARREAR E TOSSIR

O hábito de pigarrear e tossir deve ser evitado ao máximo, pois agridem as pregas vocais. De novo, a hidratação ajuda neste caso, beba água em temperatura ambiente.

ABUSO VOCAL

Evite falar por muito tempo e, principalmente, em ambientes ruidosos, onde haverá competição sonora. Sabe a praça de alimentação do shopping? Pois é, no horário do almoço o nível de ruído chega a atingir 70 decibéis. Quanto menos você conversar nessas situações, melhor será.

Atenção para qualquer rouquidão que permaneça por semanas, ela merece uma avaliação de um otorrinolaringologista.

Existem técnicas para uma boa produção vocal, e elas devem ser orientadas e acompanhadas por fonoaudiólogos.

Siga essas dicas desde já:

- **Procure articular bem as palavras;**
- **Respire de maneira adequada ao falar, fazendo pausas;**
- **Não aumente a intensidade da voz, usar um microfone é bem melhor do que gritar.**

Em questão de poucos meses, você alcançará resultados excelentes para uma produção de voz adequada aos seus propósitos.

Dois exercícios simples, porém eficientes, ajudam a melhorar a sua produção vocal e dicção, vamos a eles:

1. EXERCÍCIO DO VASO CHEIO

Neste exercício, tudo o que você precisará é de uma cadeira.

Sente-se na cadeira e deixe os músculos do estômago relaxarem.

Inspire pelo nariz e imagine que seu corpo é um vaso se enchendo de ar como se fosse derramar. Encha o abdome primeiro, depois as costelas inferiores. Segure a respiração e conte até dez.

Agora, expire lentamente. Ao expirar, mantenha as costelas expandidas e aperte o abdome como se estivesse contraindo os músculos em um abdominal — ou seja, os músculos abdominais inferiores devem ser ativados primeiro, como se você estivesse enrolando um tubo de pasta de dente. Mantenha o peito ereto enquanto expira.

Repita o exercício até se sentir à vontade, como se esse padrão fosse natural no seu dia a dia. Depois de dominar esse exercício sentado, você conseguirá também fazê-lo de pé e poderá incorporar o novo modelo de respiração tanto à sua fala quanto ao seu canto.

Caso sinta alguma dificuldade inicial, comece a praticar esse exercício lentamente, até que possa coordenar todas as ações sem nenhum desconforto.

De novo, não precisa ter pressa nem ansiedade, transforme esse procedimento em algo natural, que sua voz alcançará um patamar bem superior de força e vibração.

2. EXERCÍCIO DO LÁPIS

Para ajudar a melhorar sua dicção, morda levemente um lápis na horizontal, segurando-o entre os dentes, para que você seja forçado a trabalhar a língua para criar os sons.

Pratique em voz alta os 3 trava-línguas a seguir, enunciando claramente cada palavra:

1. A sacerdotisa Sara saboreava o saboroso sanduíche de salmão e sardinha salivando.

2. O socorrista sisudo servia substancial salada e salsicha ao senegalês suarento.

3. Sacoleiro sabichão sugestiona e subestima seu subnutrido sobrinho surfista.

Depois de repetir até alcançar o melhor resultado, retire o lápis e recite as sentenças novamente. Perceba o quanto a clareza do seu discurso melhorou.

O **exercício do lápis** deve ser praticado com diferentes textos pelas próximas duas semanas. Escolhas frases ou parágrafos curtos, extraídos de textos disponíveis na internet, e repita o procedimento.

TAREFA

Para este capítulo, passaremos um dever de casa prazeroso:

Assista ao filme *O Discurso do Rei* (The King's Speech), uma produção norte-americana de 2010.

Neste filme, a esposa do príncipe Albert, da Inglaterra, percebe os problemas de fala do marido, futuro rei. Assim, ela decide contratar um ator e fonoaudiólogo australiano que usa métodos nada convencionais para alcançar os melhores resultados. Destaque para a atuação de Geoffrey Rush como fonoaudiólogo. Preste atenção nas técnicas aplicadas para desenvolver a fala e a oratória do futuro rei.

PRÁTICAS EXTRAS NA INTERNET

Disponibilizaremos exercícios extras nos nossos perfis da internet, pois alguns deles funcionam melhor quando exemplificados nos vídeos.
Acesse: www.youtube.com/RafaelFontanaOficial

BEHLAU, Mara; AZEVEDO, Renata; PONTES, Paulo. *Conceito da voz normal e classificação das disfonias*. In: BEHLAU, Mara (Org.). **Voz: O livro do especialista**. Rio de Janeiro: Revinter, 2004.

GOULART, Diana; COOPER, Malu. **Por todo o canto**. São Paulo: G4, 2002.

OLIVEIRA, João. **A importância da saúde vocal para profissionais**. Revista Espaço Aberto, São Paulo, USP, Ed. 152, agosto, 2013.

CLÍNICA CAUCHIOLI. **Comunicação verbal e não verbal**. Disponível em: http://www.clinicacauchioli.com.br/noticias/comunicacao-verbal-nao/. Acesso em: 02 ago. 2022.

» PRONÚNCIA: TRAVA-LÍNGUAS

Sei que ao ler o título desta seção você deve ter pensado: por um acaso eu sou uma criança para brincar de trava-línguas? Ora, ora, será que você não está com medo de enrolar a língua? Essa parte é importante, desafie-se.

Quando comecei a dar aula na universidade na China, percebi que os alunos chineses tinham dificuldades para pronunciar algumas palavras e sílabas em português, sobretudo com a letra "r".

Qual a solução? Exercícios vocais voltados para as necessidades deles.

Em nenhum momento os estudantes se sentiram diminuídos ou infantilizados; pelo contrário, a turma gostava de praticar. Achavam difícil, é verdade, mas se divertiam, ao mesmo tempo em que desafiavam suas próprias capacidades.

Os exercícios de trava-línguas existem em todos os idiomas e ajudam a desenvolver tanto a habilidade oral quanto a memória.

A seguir, você poderá praticar alguns deles bastante conhecidos na Língua Portuguesa.

Dicas:

- Comece falando devagar, pronunciando cada sílaba corretamente, sem pressa, com pausas;

- Depois de falar o conteúdo corretamente com segurança, comece a acelerar;

- Divida os períodos mais longos em frases bem curtas e as repita separadamente;

- Divida as palavras mais extensas e difíceis de falar, como desconstantinoplatanilizaria (des-constantinopla-tanilizaria);

- Memorize algumas dessas sentenças para praticar a qualquer hora do dia.

Os trava-línguas que você achar mais difíceis são os que acusam as suas maiores deficiências, então, exercite ainda mais essas frases.

Depois, procure outros exemplos na internet, há dezenas deles.

Os trava-línguas, na verdade, irão destravar a sua fala. Vamos a eles:

NÍVEL 1: AQUECIMENTO

1. A flora do seu Floripes vende flores frescas.

2. O pelo do peito do pé de Pedro é preto.

3. Toco preto, porco fresco, corpo crespo.

4. Depois da seresta, a senhora modesta bateu a testa na festa.

5. Três pratos de trigo para três tigres tristes.

6. Larga a tia, lagartixa. Lagartixa, larga a tia.

7. Com fé, vou a pé à Sé.

8. O que é que Cacá quer? Cacá quer caqui. Qual caqui que Cacá quer? Cacá quer qualquer caqui.

9. Atrás da pia tem um prato, um pinto e um gato. Pinga a pia, apara o prato, pia o pinto e mia o gato.

10. Fui caçar socó, cacei socó só, soquei socó no saco socando com um soco só.

NÍVEL 2: ALONGAMENTO

1. As manas ciganas, Luciana e Ana, passam a semana comendo banana.

2. A Cuca cutuca o caqui, o Cuco cutuca a Cuca, a Cuca cutuca o Saci.

3. O caju do Juca e a jaca do cajá. O jacá da Juju e o caju do Cacá.

4. O rato roeu a rolha redonda da garrafa de rum do rei da Rússia.

5. A aranha arranha a rã. A rã arranha a aranha. Nem a aranha arranha a rã. Nem a rã arranha a aranha.

6. Tecelão tece o tecido em sete sedas de Sião. Tem sido a seda tecida na sorte do tecelão.

7. Não sei se é fato ou se é fita. Não sei se é fita ou se é fato. O fato é que você me fita e fita mesmo de fato.

8. O tempo perguntou pro tempo quanto tempo o tempo tem. O tempo respondeu pro tempo que o tempo tem tanto tempo, quanto tempo o tempo tem.

9. A vida é uma sucessiva sucessão de sucessões que se sucedem sucessivamente sem suceder o sucesso.

10. Tinha tanta tia tantã. Tinha tanta anta antiga. Tinha tanta anta que era tia. Tinha tanta tia que era anta.

NÍVEL 3: DESTRAVAMENTO

1. Um ninho de mafagafos tinha sete mafagafinhos. Quem desmafagar esses mafagafinhos bom desmagafigador será.

2. Não confunda ornitorrinco com otorrinolaringologista, ornitorrinco com ornitologista, ornitologista com otorrinolaringologista, porque ornitorrinco é ornitorrinco, ornitologista é ornitologista, e otorrinolaringologista é otorrinolaringologista.

3. Quem dos tagarelas será o mais tagarela? Eu tagarelarei ou tagarelaria? Tu tagarelarias ou tagarelarás? Ele tagarelará ou tagarelaria? Nós tagarelaríamos ou tagarelaremos? Vós tagarelareis ou tagarelaríeis? Eles tagarelariam ou tagarelarão?

4. Disseram que na minha rua têm paralelepípedo feito de paralelogramos. Seis paralelogramos tem um paralelepípedo. Mil paralelepípedos têm uma paralelepipedovia. Uma paralelepipedovia tem mil paralelogramos. Então uma paralelepipedovia é uma paralelogramolândia?

5. Se o bispo de Constantinopla quisesse desconstantinoplatanilizar não haveria desconstantinoplatanilizador que a desconstantinoplatanilizaria desconstantinoplatanilizadoramente.

EXERCÍCIOS SEMANAIS

TEXTOS: Na parte II, você se comprometeu a gravar 4 textos por semana.

Calculamos que, a esta altura, você iniciará a quarta rodada semanal de leitura e exercícios. Continue gravando os textos e aprimorando sua fala.

Se você estiver adiantado, desacelere um pouco o seu ritmo e busque aperfeiçoar a sua leitura em voz alta.

Não se limite a ler, interprete os textos. Frise as palavras mais importantes e destaque as informações-chaves.

Acelere a fala em alguns momentos e desacelere em outros, sempre respeitando as pausas.

CANÇÕES

ATENÇÃO: Tarefa nova

A partir de agora, durante 3 semanas, você irá escolher 3 músicas, ou seja, uma por semana, e irá cantá-la até atingir o ápice da sua performance em cada uma delas.

Escolha estilos musicais que você goste e que combinem com a sua voz.

Você irá gravá-las, depois escutará a sua gravação, e corrigirá os pontos em que desafinou. Melhore também os trechos em que faltou emoção.

Nesta semana, selecione uma música mais lenta; na próxima, uma canção de velocidade média; e, por fim, na última semana, uma música bem acelerada, aumentando a sua dificuldade.

Enquanto isso, os textos semanais deverão continuar sendo gravados normalmente.

Leia, cante, descanse a voz, escute, grave de novo; leia, cante... e, assim, sucessivamente.

Cantar ajuda a melhorar o ritmo e a cadência da sua fala definitivamente, é um recurso muito usado por atores, apresentadores e oradores. Você perceberá mudanças significativas nas suas gravações semanais.

Cantar é fácil.

E você é a principal estrela deste curso, deixe a timidez de lado e solte a voz!

PARTE 4

CRIE O SEU ESTILO

Seja sempre você mesmo e tenha fé em si. Não saia procuran-
do uma personalidade de sucesso para tentar imitá-la.
Bruce Lee, ator, filósofo e mestre de artes marciais
americano.

» SOMOS ÚNICOS

Dentro da fórmula CAT, criar um estilo particular nos ajuda tanto a fortalecer a letra A (Autoconfiança) quanto a exercer a letra T (Técnica). No começo da formatação de um estilo, muitas pessoas começam a imitar seus ídolos, isso é aceito como parte do processo. Porém, essa fase deve servir apenas como inspiração para desenvolvermos um estilo próprio.

Afinal, somos pessoas únicas, com histórias e emoções distintas, objetivos e propósitos exclusivos, daí a importância de conceber um estilo somente seu, de preferência original e marcante.

Deixe, assim, aflorar tudo aquilo que é mais genuíno na sua personalidade e combine com algumas dicas já consagradas na modelação de estilos inconfundíveis. Ou seja, você deve aliar a sua personalidade única com alguns pequenos detalhes que colam na memória da audiência. Resumindo, o presente já existe, ele é você, falta só te embrulhar em uma embalagem especial.

FALAR É FÁCIL | 95

» DRESS CODE: O SEU JEITO DE SE VESTIR

O *dress code* nada mais é do que um código de roupas e acessórios adequados para diferentes ocasiões, objetivos e ambientes. Para as mulheres, o *dress code* oferece mais opções, mas ambos os sexos precisam estar preparados para criar seu estilo de forma a unir conforto e eficiência na busca dos seus objetivos.

Regra universal: sua roupa NUNCA poderá ser mais importante que você.

As roupas, acessórios, penteados e maquiagens devem reforçar a sua personalidade sem jamais ofuscá-la. Não existe exceção para esta regra. Mesmo um palhaço, com a roupa mais engraçada do mundo, não conseguirá seu sustento baseado na vestimenta. A roupa será apenas uma de suas piadas, mas a capacidade do palhaço em nos fazer rir continuamente sempre será mais importante que seus adereços.

Você deve avaliar cada ocasião em particular e criar um estilo que case com a sua personalidade. Há eventos que exigem determinados trajes, como um casamento, uma formatura, um piquenique ou um passeio na fazenda. Em cada uma dessas diferentes ocasiões, é recomendável manter o seu estilo próprio.

Por exemplo, se você deseja transmitir a imagem de sobriedade e seriedade, seus trajes serão sóbrios e clássicos tanto em um jantar de gala quanto na praia. Isto é, cores mais neutras, nada berrante ou que choque as pessoas, seja vestindo um terno ou um vestido longo, o mesmo vale para o calção de banho ou o biquíni.

Já se sua personalidade é mais festiva, expansiva e brincalhona, poderá adotar roupas coloridas e chamativas. Ou seja, mudam-se os cenários, os horários e as situações, mas o seu estilo deve permanecer o mesmo.

É claro que deverá prevalecer o bom senso. Em uma entrevista de emprego, a título de exemplo, a pessoa precisa oferecer mais informação que a sua roupa. Tanto um decote exagerado quanto um terno colorido irão causar impressões imprevisíveis nos seus entrevistadores. Mantenha o seu estilo tão afiado quanto o seu bom senso.

» A ROUPA DO VÍDEO: COMO SE VESTIR PARA AS CÂMERAS

Mantenha sempre o seu estilo também na frente das câmeras, mas com alguns cuidados especiais. Além de nos engordar uns 5 quilos, a câmera também tem seus caprichos em relação a cores e luminosidade.

Portanto, uma roupa que pareça adequada presencialmente pode não ficar tão boa no vídeo ou na foto. Então, siga algumas dicas simples para garantir que sua aparência em frente às câmeras cause a melhor impressão.

1. ESCOLHA A COR CERTA PARA VOCÊ

Valorize o seu tom de pele. Como regra geral, cores sólidas ficam melhores tanto nos vídeos, quanto nas filmagens e sessões de fotos. Evite roupas brancas brilhantes, que possam dominar a tela, aposente aquelas peças claras demais. Se sua pele combina com roupas claras, aposte no bege-claro e cinza-claro, assim como variações próximas a essas cores. Sempre escolha cores que complementem seu tom de pele ou gerem um contraste agradável ao olhar.

Escolha os tons que, dentro do seu estilo recém-criado, te façam se sentir confortável e confiante.

Para ambos os sexos, nunca se exponha às câmeras com uma composição 100% preta ou 100% branca.

Para os homens, você sempre acertará se escolher tons neutros de azul-marinho e cinza. Evite ao máximo usar branco ou vermelho nas gravações com câmeras profissionais.

2. FUJA DAS ESTAMPAS

Quando se trata de selecionar seu guarda-roupa para as câmeras, devemos evitar peças que contenham excesso de estampas. Fique longe de roupas que possuam listras, xadrezes e padrões florais. Algumas câmeras de vídeo terão tanta dificuldade em processar as estampas que acabarão afetando a qualidade da imagem e criando confusões óticas.

Embora as câmeras modernas estejam mais bem equipadas para lidar com vestes estampadas, é melhor apostar na segurança e evitar esses padrões.

3. VERDE ESTÁ PROIBIDO

Uma cor da qual você deve manter distância para uma aparição em vídeo, sobretudo em programas de TV, é o verde. Muitos efeitos especiais, como mapas meteorológicos e de trânsito, são projetados na chamada tela verde, conhecidas como telas *green screen* ou *chroma key*, esses fundos estão cada vez mais populares também nas gravações de vídeos para aplicativos.

Se você estiver vestindo a cor verde e esses efeitos estiverem sendo usados, você irá se misturar ao fundo, formando uma imagem um tanto desagradável.

4. NADA DE JOIAS EXTRAVAGANTES

Falando em proibição, não use joias chamativas ou penduradas. Além de adicionar muita informação e brilhos desnecessários ao vídeo, joias como pulseiras e relógios podem bater no microfone ou numa mesa provocando ruídos insuportáveis para quem estiver ouvindo.

5. CUIDADO COM OS ÓCULOS

A maioria dos óculos gera reflexos e brilhos nas lentes das câmeras de vídeo. Em alguns casos, ocorre o mesmo nas fotos. Prefira óculos com lentes antirreflexos e, se possível, lentes de contato.

6. USE ROUPAS CONFORTÁVEIS

Certifique-se de que suas roupas estão confortáveis. Homens, não vistam um terno apertado só porque parece ficar melhor no vídeo. Se você se sentir desconfortável, isso ficará evidente em seu rosto e na sua linguagem corporal.

Use meias na altura do joelho se estiver vestindo calças. Do contrário, sua pele pode aparecer quando você cruzar as pernas. Melhor não, né?

Mulheres, apliquem este mesmo princípio às saias: se for muito curta, pode parecer estranha na câmera, especialmente se você estiver sentada.

7. MAQUIAGEM SUAVE, POR FAVOR

Como as câmeras de alta definição estão se tornando uma norma, você vai acabar usando maquiagem para esconder olheiras ou falhas em sua pele ou sobrancelha.

Porém, na dúvida entre o menos e o mais, tente encontrar um meio-termo, use o bom senso. Você não quer usar tanta maquiagem a ponto de parecer um fantasma ou um palhaço. Assim como será cautelosa com as suas roupas, use tons neutros e suaves para maquiagem dos olhos e dos lábios.

Para os homens, recomendo os produtos que eu mesmo utilizo e garantem bons resultados com naturalidade: protetores solares com cor. Escolha a cor no tom de sua pele e espalhe uniformemente uma pequena quantidade pelo seu rosto. Além de reduzirem o brilho, os protetores com cor corrigem eventuais manchas no rosto e, ao mesmo tempo, protegem a pele das potentes luzes do estúdio.

» CRIE BORDÕES: AS FRASES IRÃO MARCAR O SEU ESTILO

Frases e bordões colam na memória das pessoas com facilidade e irão marcar o seu estilo. O ideal é que os bordões possam ser usados no dia a dia das pessoas, que sejam curtos e fáceis de falar. Assim, se tornarão conhecidos, fazendo com que as pessoas associem a sua imagem àquela frase marcante.

Esse recurso é utilizado há muito tempo, inclusive nas músicas. Nos anos 1950, o *rock'n'roll* passou a utilizar refrões simples e assobiáveis, era uma espécie de bordão com ritmo, levando a cultura pop a um novo patamar de massificação.

Já nos anos 1960, o produtor dos Beatles, George Martin, tornou-se uma máquina de modelar refrões famosos que ajudaram a catapultar os garotos de Liverpool ao máximo estrelato da música mundial.

Quem conhece a banda jamais se esquece de refrões como "Love me Do"; "She loves you yeah, yeah, yeah"; "Mr. Postman"; "Ticket to Ride", "Help"; "From me to You"; "Can't buy me Love" e tantos outros sucessos.

BORDÕES FAMOSOS

Tanto no Brasil quanto no mundo inteiro há bordões relacionados a pessoas e personagens.

Assim como muitos brasileiros da minha geração, eu me divertia com os famosos seriados mexicanos Chaves e Chapolin, recheados de bordões repetidos frequentemente, na forma de frases caricatas, confira alguns exemplos:

- Chaves: "Foi sem querer querendo."
- Chapolin: "Não contavam com minha astúcia!"
- Dona Florinda: "Vamos, tesouro, não se misture com essa gentalha."
- Seu Barriga: "Tinha que ser o Chaves+"
- Quico: "Cale-se, cale-se, cale-se, você me deixa louco."

Viu só como a imagem desses personagens está diretamente ligada aos famosos bordões. É praticamente impossível nos lembrarmos deles sem rememorarmos suas falas.

Nos esportes, os bordões são extremamente comuns, alguns deles se tornaram bem populares no Brasil, como estes aqui:

- Galvão Bueno: "Haja coração!"
- Milton Leite: "Que beleeeeeza."
- Silvio Luiz: "Pelo amor dos meus filhinhos" e "Pelas barbas do profeta!"
- Osmar Santos: "Ripa na chulipa e pimba na gorduchinha."

BORDÕES DE NOVELAS:

- "Não é brinquedo, não!": Dona Jura (atriz Solange Couto em O clone, 2001).
- "Só Jesus na bicicletinha.": Zezé (atriz Cacau Potássio em Avenida Brasil, 2012).
- "Salguei a Santa Ceia.": Félix (ator Mateus Solano em Amor à Vida, 2013).
- "Isso é felomenal!": Giovanni Improtta (ator José Wilker em Senhora do Destino, 2004).

> » "Oxente, my God.": Maria Altiva (atriz Eva Wilma em A Indomada, 1997).

- "Sou uma mulher de catiguria.": Bebel (atriz Camila Pitanga em Paraíso Tropical, 2007).

OUTROS BORDÕES FAMOSOS:

- "Isso é uma vergonha!", Boris Casoy, jornalista.
- "Eu só abro a boca quando eu tenho certeza.", Ofélia, personagem do Zorra Total.
- "Que a força esteja com você.", Jedi Obi-Wan Kenobi, da saga Star Wars.
- "E o salário, ó...", Professor Raimundo, personagem de Chico Anysio.
- "Bazinga!", Sheldon Cooper, do seriado The Big Bang Theory.
- "Para o alto e avante.", Super-Homem.

Use a sua criatividade e lembre-se: os bordões precisam ser fáceis de memorizar e de pronunciar.

HOWARD STERN, O DJ NÚMERO 1: UMA HISTÓRIA DE AUTENTICIDADE

Howard Stern revolucionou o rádio ao chegar a Nova York, criou um estilo próprio misturando humor a histórias reais e inventadas baseadas em algum acontecimento real. Ele falava ao vivo sobre a sua rotina, usava termos inusitados e promovia conversas um tanto indecorosas com suas convidadas, rompendo todos os padrões vigentes até então nas emissoras dos Estados Unidos.

Alguns executivos da NBC queriam demiti-lo a qualquer custo, mas foram eles que acabaram perdendo o emprego, porque a força do DJ junto à audiência só crescia e os lucros da emissora dispararam.

Ele se tornou o Disk Jockey número 1 de Nova York, virou uma celebridade e lançou programas novos na TV paga mantendo o estilo debochado e irreverente, que era ao mesmo tempo autêntico e divertido.

Para quem saiu de casa desacreditado, como um garoto tímido de cidade pequena, ele se tornou uma figura transformadora do rádio. Em vez de seguir o estilo vigente por décadas, ele apostou todas as fichas na própria personalidade, fazendo com que muitas emissoras importantes e tradicionais se adaptassem ao seu estilo.

Quer saber o resultado financeiro? Atualmente, Howard Stern acumula uma fortuna estimada em 650 milhões de dólares, o equivalente a 3 bilhões de reais. Isso mesmo, R$ 3 BILHÕES. Nada mau para quem saiu de casa com pouco dinheiro e quase nenhum apoio da família.

» LINGUAGEM CORPORAL: O ESTILO DOS SEUS MOVIMENTOS

Já cantavam os Ramones na música *All's Quiet on the Eastern Front* (Tudo tranquilo do lado Oriental), do álbum *Pleasant Dreams*:

Watch the, watch the way I walk. Can't you think my movements talk.

Ou, em português, numa livre adaptação:

Olha só, olha como eu ando. Percebeu como meus gestos falam?

Sim, é verdade, os movimentos falam e nos dizem muito.

O simples fato de caminhar constitui uma comunicação. Andar no palco ou em frente ao público, bem como gesticular durante uma apresentação ou um vídeo, faz toda a diferença para manter a atenção das pessoas.

E os movimentos e os gestos pertencem ao seu estilo particular, você só precisa desenvolvê-los para torná-los um complemento da sua fala.

Entre pessoas famosas conhecidas por um modo único de movimentos, vem à memória a modelo brasileira Gisele Bündchen, que criou um estilo próprio de desfilar, reconhecido no mundo da moda como algo único e diferente. Reparem que esse exemplo nem inclui a fala. A *top model* consegue expressar seu estilo sem emitir um único som, apenas movimentando-se de um lado para o outro da passarela.

O mesmo vale para bailarinas que encantaram o mundo com a sua arte: a dança. Se essas artistas conseguem dizer muito sem emitir uma só palavra, imagine do que somos capazes ao aliar o conteúdo da fala com movimentos genuínos.

Em meio aos diferentes povos do mundo, também há peculiaridades: os ingleses e os alemães, por exemplo, costumam ser discretos nos movimentos enquanto conversam. Os italianos, por sua vez, são famosos por falar com as mãos. Diz uma piada que um italiano estava nadando quando começou a conversar com um amigo, acabou morrendo afogado.

Exageros à parte, na condição de neto de italianos, eu movimento bastante as mãos quando me apresento em público ou participo de um vídeo. Mas não é por acaso, eu desenvolvi esse gestual para que ele se encaixe no meu estilo e me ajude a prender a atenção dos meus interlocutores.

Esse é o caminho certo: seja você mesmo, sem exageros, use os movimentos a seu favor. Cada um de nós carrega um carisma único e especial. Crie o seu estilo!

LINGUAGEM CORPORAL: O QUE É?

A linguagem corporal consiste nos sinais não verbais que expressam como as pessoas se sentem. Ela é, na maioria das vezes, executada de forma inconsciente, como as expressões faciais que nós fazemos ao ouvir uma conversa.

Só que nós podemos, e devemos, usar de maneira consciente os gestos para reforçar uma mensagem. Ao manter contato visual, monitorar seu tom de voz, sorrir ou manter sua postura altiva e confiante, podemos transmitir mensagens positivas como bom humor ou competência.

Já uma postura curvada, meio corcunda, ou uma sobrancelha franzida podem transmitir o oposto, ou seja, mensagens negativas.

EXEMPLOS DE LINGUAGEM CORPORAL POSITIVA:

No seu estilo pessoal, estar ciente da linguagem corporal torna-se determinante para transmitir simpatia e carisma. Vamos aos bons exemplos:

1. MANTENHA CONTATO VISUAL

Ao falar ao público, mantenha o contato visual com as pessoas. Quando estiver no vídeo, olhe diretamente para a lente da câmera.

Da mesma forma, no momento em que você estiver ouvindo alguém, manter um contato visual direto mostra que você está engajado e atento ao que estão lhe dizendo.

Só não exagere, mantenha o equilíbrio e o bom senso. Se você olhar com muita intensidade, seja falando ou ouvindo, a pessoa pode se sentir desconfortável. Dose de acordo com cada situação, calibrando a intensidade do contato visual até sentir sua audiência confortável.

2. CONSERVE A POSTURA ERETA E ABERTA

Ter uma postura ereta e aberta significa que você está mantendo o tronco do seu corpo aberto e livre, além de transmitir uma imagem de firmeza e solidez. Evite ao máximo braços e pernas cruzadas.

Quando você mantém uma postura aberta, estará sinalizando amizade e proximidade.

3. SORRIA E ACENE COM A CABEÇA

Sempre que o assunto merecer, vale a pena esboçar um sorriso enquanto fala ou escuta. Acenar positivamente com a cabeça mostra ao palestrante ou ao seu interlocutor que você concorda com a mensagem dele, além de indicar atenção.

Em uma pausa, se você combinar o sorriso com o aceno da cabeça, envolverá sua plateia com mais entusiasmo e simpatia.

4. MÃOS ABERTAS

Manter a palma da mão aberta demonstra abertura e honestidade. A ideia de braços abertos também se aplica aqui, o público se lembra de um abraço, de um afago. Difundirá a mensagem de que você está confortando seus interlocutores.

Se você está transmitindo grandes ideias, faça isso abertamente, todos irão gostar do seu estilo.

EXEMPLOS NEGATIVOS DE LINGUAGEM CORPORAL:

Aqui vão alguns cuidados importantes para não deixar o seu público desconfortável.

EVITE:

- Piscar os olhos com frequência e rapidamente;
- Morder os lábios enquanto fala ou escuta;
- Franzir as sobrancelhas;
- Ficar batendo os dedos na mesa ou em algum outro objeto ou superfície ao alcance das suas mãos;
- Apoiar a cabeça nas mãos, isso transmite a imagem de tédio;
- Braços cruzados.

IMPORTANTE

Adapte as dicas ao seu estilo pessoal. Nada do que abordamos nesta lição é proibido ou tampouco obrigatório. Você quem irá incorporar e modelar essas recomendações à sua personalidade. Use o bom senso e crie o seu estilo!

PARTE 5

MEDIA TRAINING E DEBATE

Leva-se 20 anos para construir uma boa reputação, mas apenas 5 minutos para arruiná-la.
Warren Buffet, megainvestidor norte-americano.

» FALAR É FÁCIL – MEDIA TRAINING
Conteúdo desenvolvido a partir do curso O Método Eleitoral

GANHE VALOR COM A SUA IMAGEM E REPUTAÇÃO

Sabe aquela personalidade pública que sempre fala muito bem nas entrevistas? Pois bem, ela certamente passou por um treinamento.

O *media training* (MT) consiste em uma ferramenta indispensável para preparar porta-vozes como empresários, políticos (presidentes, ministros, deputados, senadores, prefeitos, governadores), candidatos a cargos políticos, executivos de empresas nacionais e multinacionais, diretores de bancos e instituições financeiras, ocupantes de cargos públicos, dirigentes de entidades e de demais instituições.

O treinamento tem o potencial de melhorar efetivamente a relação da fonte com os jornalistas, ao mesmo tempo que o protege de armadilhas comuns.

Ele contribui também para o desempenho do porta-voz em **DISCURSOS E DEBATES**, sejam presenciais ou *on-line*, realizados em auditórios, em ambientes públicos ou dentro de órgãos da imprensa, como estúdios de rádio, TV ou internet.

Decidimos incluir o *media training* como tema bônus neste livro por se tratar de um segmento especializado no mundo da comunicação e dominada por poucos profissionais no Brasil. Eu me consolidei nesta área durante os anos em que atuei em diferentes agências de comunicação, algumas delas as mais requisitadas do mundo nesta área de MT, como o grupo norte--americano Weber Shandwick, onde aperfeiçoei meus conhecimentos e agora os compartilho neste livro.

O *media training* é útil mesmo para quem não está exposto à imprensa tradicional, já que a mídia tem-se descentralizado sobremaneira desde o início deste século, em particular nos últimos dez anos, quando as ferramentas de tecnologia se tornaram mais práticas e acessíveis, transformando usuários de internet em potenciais repórteres, fotógrafos e cinegrafistas.

Portanto, nas duas partes reservadas a essa temática, você verá algumas repetições de dicas e orientações já tratadas no livro, pois algumas pessoas interessadas especificamente neste treinamento poderão "pular" os capítulos iniciais e vir diretamente para este conteúdo, o *media training express*.

Se você encontrar nas próximas páginas informações já vistas em outros capítulos, considere-as um reforço e aproveite para praticar novamente, com a mesma seriedade e dedicação almejada em toda a leitura deste material.

> **IMPORTANTE**
>
> Nos treinamentos, você pode errar à vontade. Este é o momento oportuno para corrigir as falhas. Faz parte do aperfeiçoamento errar até que você se sinta confiante para falar. Depois dos treinamentos, você estará capacitado para acertar sempre.

PARA APRENDER MAIS, USE A EQUAÇÃO DO CHÁ

Uma nova equação será apresentada agora, e nós iremos adotá-la para o resto de nossas vidas, ela merece todo o nosso prestígio.

É a equação do **CHÁ**, que versa sobre o seguinte:

Confiança
Humildade
Aprendizado

Eis a equação do CHÁ:

Confiança = Humildade + Aprendizado.

Em comunicação, assim como em diversas outras áreas, as pessoas que assumem a condição de humildade obtêm um melhor aprendizado e, consequentemente, se tornam mais confiantes.

Ou seja, os humildes, cientes de suas dificuldades, dedicam-se com mais vigor e foco para obter o resultado almejado.

Um humilde aprendiz obterá muito mais confiança **e melhores resultados**.

Essa tem sido uma regra nos *media trainings* durante anos.

E o contrário nos treinamentos também é regra: muitos porta-vozes esnobaram as atividades, pois se achavam bons demais para serem submetidos a um treinamento.

Resultado: vimos muitos desses inocentes serem massacrados sem dó por jornalistas.

Portanto, consuma o CHÁ, ele faz bem e garante desempenhos grandiosos.

DEFINIÇÃO DE *MEDIA TRAINING* E OBJETIVOS

O MEDIA TRAINING, como a própria tradução literal o define, é um treinamento especializado em comunicação que ajuda as pessoas expostas à mídia a se concentrar em suas mensagens; a ter confiança para falar; a antecipar o comportamento dos jornalistas; e a evitar as armadilhas da imprensa.

VANTAGENS DO TREINAMENTO

O *media training* fornece as ferramentas necessárias para aperfeiçoar seus pontos fortes e neutralizar os pontos fracos para que você possa, de forma autêntica e convincente, entregar mensagens de alta credibilidade e que se fixem na memória das pessoas.

O treinamento ajuda a evitar erros e gafes que podem inviabilizar a trajetória até dos porta-vozes mais experientes, e dá a você maior influência sobre sua mensagem e a confiança de que ela chegará ao lugar e da forma que você pretende, não importando o meio para isso.

FINALIDADE DO *MEDIA TRAINING*

Preparar e orientar porta-vozes e fontes para o relacionamento com diferentes públicos tendo como foco a imprensa.

MANUAL DE MENSAGENS

O manual de mensagens é uma lista de temas específicos, balizadores de todas as manifestações de um porta-voz, e que podem ser levantados durante uma entrevista, um evento, um discurso ou um debate.

EXERCÍCIO DE MEDIA TRAINING

Tempo estimado: 1h

☑ Itens necessários:

Conexão à internet, um *notebook, tablet* ou bloco de notas.

☑ Número de pessoas:

2 (você + 1 pessoa para te auxiliar).

Agora que mais e mais pessoas se informam sobre política, proponho que o exercício aborde essa temática e seja feito entre duas pessoas, de forma a instigar a sua capacidade de maneira intuitiva.

Traga alguém que possa ajudar você a se desafiar.

O tema será: **CAMPANHA ELEITORAL**.

Esse é um dos momentos mais delicados e trabalhosos dentro da atuação do profissional de *media training*: a construção de um manual de mensagens onde imperem os fatos, a informação e a precisão.

Um só erro pode ser fatal dentro das pretensões de um candidato a cargo eletivo e de seus assessores de confiança.

O Manual de Mensagens é um guia que irá orientar o posicionamento do porta-voz durante toda a sua campanha; nele deve conter, de forma organizada e objetiva, os principais temas afeitos à candidatura.

O manual de mensagem do candidato precisa, obrigatoriamente, passar por todos os assuntos mais importantes do município, estado e região.

Os porta-vozes devem estudar os temas e subtemas do Manual, com a finalidade de compreender a fundo cada um dos assuntos a ponto de falar com naturalidade sobre todos eles.

Agora, escolha 2 temas abaixo sobre a cidade em que você mora e reúna durante 30 minutos o máximo de informações e dados que conseguir. Faça uma pesquisa na internet e sistematize essas informações, escreva-as em um papel ou no seu computador.

SUGESTÃO DE TEMAS (escolha 2)

- Saúde;
- Educação;
- Emprego;
- Segurança;
- Transportes;
- Infraestrutura;
- Saneamento.

Assim que terminar de escrever, estude-os por 20 minutos e prepare-se para responder às perguntas da pessoa escolhida para te auxiliar.

Depois, entregue seu material a essa pessoa (amigo, colega ou familiar), e peça para te fazer perguntas sobre os dois temas propostos para que você as responda, por 5 a 10 minutos, sem consultar o seu material.

Pronto? Pode começar.

Terminou?

Faça uma avaliação honesta dos seus resultados com a pessoa que te auxiliou e, se necessário, repita o procedimento em outro dia, escolhendo novamente 2 temas diferentes desses que acabou de estudar.

Foco! Estratégia

Q&A – PERGUNTAS E RESPOSTAS

Tão importante quanto o Manual de Mensagens, está o Q&A (*Questions & Answers* — Perguntas e Respostas), que funciona como um complemento ao manual.

Ele deve esgotar todas as possibilidades de perguntas e respostas com as quais o porta-voz irá se deparar durante a campanha ou no exercício do seu cargo, sobre todas as temáticas possíveis.

O tamanho do Q&A é ajustável à necessidade da empresa ou do governo, dos compromissos do porta-voz e da mídia a que ele estará exposto.

A NOTÍCIA – SAIBA COMO PAUTAR A IMPRENSA

O QUE FAZ UM "FATO" VIRAR NOTÍCIA?

- Data do fato, se é recente, atual;
- Proximidade com a opinião pública;
- Originalidade;
- Impacto socioeconômico;

- Relevância para o público;
- Importância dos atores envolvidos.

FATORES QUE INFLUENCIAM EM SUA DIVULGAÇÃO
- Números e dados;
- Acesso a fontes;
- Aderência ao perfil do veículo;
- Espaço disponível;
- Tempo disponível.

COMO DAR UMA BOA ENTREVISTA

1. PREPARAÇÃO
É preciso fazer a lição de casa antes das entrevistas: leia, busque informações adicionais, saiba os principais números e informações sobre o objeto da entrevista e do que pode ser perguntado a você.

2. CONSISTÊNCIA
Seja claro, tenha foco e enfatize os pontos principais. Você deve falar o que precisa ser dito, não o que querem que você diga.

3. OBJETIVIDADE
Não minta ou "chute" uma informação ou número. É preferível informar os dados posteriormente pelo seu assessor ou outro membro da equipe.

4. EVITE TERMOS TÉCNICOS
Lembre-se, o jornalista pode transferir a sua dúvida para o público.

5. CONFIABILIDADE

Você pode afirmar sua posição em assuntos controversos, mas faça isso de forma inteligente e educada, sem atacar seus concorrentes ou oponentes.

6. NÃO EXISTE "EM OFF". NUNCA!

Não diga o que não quer que seja divulgado.

7. NÃO PEÇA PARA LER A MATÉRIA ANTES DE SER PUBLICADA

Se você fizer isso, o jornalista se sentirá ofendido e o porta-voz demonstrará inexperiência no relacionamento com a mídia.

8. SEJA CONCISO NAS RESPOSTAS

Dê respostas diretas e curtas. O tempo é muito precioso para o jornalista.

DICAS GERAIS
Comunicação verbal e não verbal

Observe sempre as características do estilo em relação a aspectos verbais e não verbais da comunicação, como:

- objetividade do discurso;
- extensão das frases;
- clareza nas informações;
- segurança na fala;
- postura;
- gestos;
- expressões faciais e corporais;
- forma de se vestir.

EXERCÍCIOS PARA FALAR BEM

Mesmo que você já tenha feito esses exercícios, alguns deles já citados neste livro, recomendo repeti-los sempre que possível. Parte deles é recomendada pelo jornalista e escritor Bibo Nunes, um dos comunicadores do país que mais desenvolveu técnicas eficientes ao longo de sua carreira como apresentador de TV e político.

As dicas de Bibo Nunes foram compiladas pela estrategista política Raquel Brugnera, criadora do Método Eleitoral, com quem trabalhei aplicando os exercícios em candidatos e assessores nas eleições municipais de 2020 e que teve um alto índice de êxito.

FALE COM O ESPELHO: exercício praticado há décadas e que funciona bem até hoje. Faça um breve discurso, discorra sobre um tema de sua preferência de frente para o espelho, observe suas feições, os gestos, o olhar, o movimento da boca, dos lábios, as piscadas, e vá corrigindo aquilo que achar necessário. Esse exercício fará você gostar mais de si mesmo e gerará autoconfiança.

FALE BEM RÁPIDO: fale sobre um assunto corriqueiro, de seu domínio, da forma mais rápida que você conseguir, sem se importar com os erros. Pode ser como um locutor de jogos de futebol no rádio, também pode falar até quase perder o fôlego e recomeçar. Repita, insista, nunca desista; os erros irão diminuir até sumirem por completo.

GRAVE UMA APRESENTAÇÃO: grave em algum lugar em que você esteja sozinho, na sala, quarto ou escritório, mas imagine que tem uma plateia, de 30 a 50 pessoas, e que você conheça parte delas, pessoas da sua confiança que sempre te apoiam. Olhe para essas pessoas imaginárias, olhe no olho delas, sorria. Depois veja ou escute a gravação e observe o que pode ser melhorado.

FALE AO DIRIGIR: se você costuma ficar um tempo parado no trânsito, sozinho no carro, fale consigo mesmo como se estivesse falando no rádio ou para uma pequena plateia. Use frases curtas e rápidas. Mas mantenha a atenção no trânsito, só faça isso quando estiver dirigindo em baixa velocidade, sem correr riscos, ou se estiver parado dentro do carro. O seu cérebro irá se acostumar a trabalhar com vários focos de atenção.

FALE OUVINDO MÚSICA: de preferência, com um fone de ouvido, sozinho, escolha músicas que lhe façam bem, ritmos mais calmos, algumas vezes instrumentais, e leia um discurso em voz alta, um trecho de um livro, de uma notícia. Suas habilidades de fala irão se aprimorar com esse exercício simples e eficaz.

PRATIQUE TRAVA-LÍNGUAS: esses exercícios são bons em qualquer época da sua vida. Ajudam tanto na pronúncia quanto na articulação. Lembre-se sempre de pronunciar todos os Rs, Xs e Ss de acordo com o sotaque da sua região.

USE A REALIDADE VIRTUAL: a tecnologia deve ser sempre uma aliada. Há programas de realidade virtual que simulam uma plateia. O investimento é cada vez mais baixo. Você precisará basicamente comprar um óculos de realidade virtual e um programa ou aplicativo de simulações, todos eles disponíveis para compras *on-line*.

O QUE OS JORNALISTAS VALORIZAM EM UM PORTA-VOZ?

Pontualidade e Gentileza

Cumpra o horário combinado e trate bem qualquer jornalista, não importa o veículo que represente ou a natureza do assunto, eles, muitas vezes, foram orientados pelos editores e precisam entregar na redação o material exigido por seu veículo de comunicação.

O FATOR ALIMENTAÇÃO

Durante o período em que fará uso constante da voz, prefira refeições mais leves e evite frituras, comidas picantes e gordurosas, que podem afetar a sua voz. Também evite leite e seus derivados, como iogurte, queijo e requeijão, pois eles engrossam os fluidos e geram mais esforço para falar, o mesmo ocorre com o chocolate. Frutas cítricas, como água com gotas de limão e suco de laranja, em quantidades moderadas ajudam a "afinar" os fluidos e facilitam a sua fala.

A água é uma grande amiga da voz, ela hidrata e limpa as vias. Não precisa exagerar, basta tomar aos poucos ao longo de todo o dia e também dar uns goles durante uma apresentação ou discurso.

Bebidas gasosas, como refrigerantes, devem ser evitadas nos períodos de uso constante da voz. Cerveja gelada está fora de cogitação, risque da sua rotina nesses dias em que exigirá mais da sua voz.

BIG BROTHER EM TEMPO REAL

A disseminação de aparelhos tecnológicos em ambientes públicos e privados tem transformado a vida das pessoas em um Big Brother ininterrupto. Não me refiro ao *reality show*, mas ao 'Grande Irmão' original, citado pela primeira vez no livro *1984*, de George Orwell, uma das mais geniais obras literárias do século XX.

Assim como na sociedade antecipada por Orwell, imagine que você, hoje em dia, está sendo vigiado por câmeras e microfones em todos os lugares. Isso não chega a ser um exagero, porque de fato há centenas de câmeras nos acompanhando no dia a dia.

Elas estão na sua rua, no trabalho, no shopping, no trânsito, no aeroporto, nos hotéis, nas lojas e restaurantes; no elevador, na garagem, nos parques e repartições públicas. Portanto, comporte-se como se alguém perto de você estivesse com um gravador no bolso. Não diga nada que possa ser usado contra você, contra sua empresa ou sua família.

Resumindo: seja responsável, respeitoso e cauteloso com as palavras, com gestos e ações. Esse condicionamento lhe renderá imensos benefícios profissionais e sociais.

Pratique a educação, a prudência e o respeito.

Foco! Estratégia!

LOCAIS ONDE VOCÊ DEVE REDOBRAR OS CUIDADOS PARA FALAR

- Avião, Aeroporto;
- Táxi, Uber;
- Elevadores;
- Restaurantes;
- Lobbies de hotel.

Lembre-se:
Os jornalistas, as câmeras e as pessoas estão de olho em você o tempo todo.

>> VENCENDO DEBATES

Aquele que formula a questão, ganha o debate.
Randall Terry, ativista norte-americano.

O conceito de vencer ou perder um debate, vale ressaltar, tem se tornado cada vez mais abstrato. Afinal, o objetivo dos debatedores não é derrotar os seus adversários, mas convencer o público que os assiste.

Você já ficou sabendo de algum debate entre duas pessoas em uma sala fechada e sem nenhuma plateia? É claro que não, porque não faria o menor sentido

Logo, é bastante importante entender: o objetivo primordial do debate é convencer o público.

Ao longo da minha carreira na área de comunicação e como estrategista político, treinei pessoas para falar em público, para conceder entrevistas, para depor em comissões parlamentares de inquérito e para debater. Com dedicação, aplicação de técnicas e autocontrole, sempre alcançamos resultados positivos com os nossos clientes.

Ao longo de anos atuando nessa área, temos ressaltado a importância de seguir algumas regras fundamentais, como, por exemplo, trazer a discussão para a sua área de competência e jamais se pronunciar sobre assuntos que não domina, como veremos nas regras apresentadas a seguir.

As diferentes técnicas aplicadas em cada um desses treinamentos do livro são complementares, uma auxilia e completa a outra.

Considere, ainda, que todas as demais técnicas de fala, oratória e discurso abordadas em *FALAR É FÁCIL* são úteis para você atingir um desempenho convincente nos debates, assim como para desmontar as armadilhas e se esquivar das pegadinhas dos seus oponentes, tornando-se um vencedor sob a perspectiva da audiência.

Para ativar o seu preparo nesta área, vamos apresentar as regras fundamentais para você vencer debates de forma convincente:

REGRA NÚMERO 1: INFORME-SE SOBRE OS TEMAS E SOBRE OS SEUS OPONENTES

Há debates em que você irá falar sobre assuntos que já domina. Porém, em alguns casos, a escolha dos temas poderá ser aleatória, principalmente quando a discussão ocorre em um grupo que reúne várias pessoas. Nesses casos, é recomendável que você se antecipe sobre os prováveis assuntos a serem abordados no debate, estude cada um deles com imparcialidade e apresente motivos para sustentar a sua posição.

Construa um manual de mensagens e um *Q&A* (veja no capítulo sobre *Media Training*).

Além disso, você também deve se preparar para rebater os pontos levantados pelos seus oponentes, isso te ajudará a pensar nos contra-argumentos. Portanto, a primeira tática é tão específica quanto crucial: esteja bem-informado sobre os temas em questão e sobre os pensamentos dos demais participantes.

Ou seja, trata-se do "C" da fórmula **CAT: Conteúdo**.

REGRA NÚMERO 2: CATIVE SEU PÚBLICO

Lembre-se: quando os políticos debatem, eles não estão tentando convencer uns aos outros sobre seus argumentos, mas convencer o espectador. Seus argumentos são estruturados em torno desse objetivo. Portanto, se você vai debater com outra pessoa, proceda da mesma forma.

Caso estejamos discutindo, por exemplo, em uma rede social, como o *Twitter*, *Telegram* ou *Facebook*, são ínfimas as chances de mudar o pensamento da pessoa com quem estamos debatendo, mas outras pessoas que se interessem pelo assunto podem se influenciar por sua capacidade de raciocínio. Logo, o mais importante é saber o que essas pessoas desejam e, a seguir, começar a fasciná-las com suas palavras.

Outro ponto importante: evite longas argumentações improdutivas. Aponte de forma objetiva o erro do seu opositor, sustente seu ponto de vista com fatos e saia por cima.

Você não precisa ter a ÚLTIMA palavra, mas a MELHOR palavra.

OBSERVAÇÃO

Não é seu trabalho convencer todos, isso é desnecessário, concentre-se em deixar uma boa impressão, isso será o suficiente para persuadir a maioria. Resumindo: mantenha a calma, apresente fatos e seja objetivo.

REGRA NÚMERO 3: OUÇA ATENTAMENTE O SEU OPONENTE

Preste atenção a todo instante nas informações do debate. Você só pode dar uma resposta genuína se estiver ouvindo atentamente o seu oponente. O que ele diz, muitas vezes, irá te ajudar a construir seus pontos sobre o tema em discussão. Até porque o adversário comete erros, aumentando ainda mais a sua chance de se sagrar vitorioso.

Muitas vezes, você pode separar trechos falhos do raciocínio do seu oponente e questioná-lo. Use expressões com o seguinte conteúdo: "Essa lógica não se sustenta, parece que todos aqui perceberam", ou "Você pode citar um estudo que comprove a sua afirmação?", ou, ainda, "Desculpe-me, essas suas informações não fazem sentido, eu trago informações que provam o contrário." Seja gentil na dose certa, sem demonstrar submissão, tampouco arrogância. Um pouco de assertividade, porém, faz parte do jogo.

REGRA NÚMERO 4: MANTENHA-SE NA SUA ZONA DE COMPETÊNCIA

Essa regra é fundamental para alcançar performances vencedoras em debates: manter-se na sua zona de competência, sem jamais se deixar arrastar pelas artimanhas do seu interlocutor.

Todas as vezes que ele tentar te tirar da sua área de conhecimento, traga o debate de volta para a sua zona de competência (consiste em uma espécie de zona de conforto, ou seja, a área que nós dominamos profundamente).

Nunca, em hipótese alguma, deixe o oponente conduzir o debate para o campo de conhecimento dele, isso seria uma cilada com exponenciais danos ao seu desempenho.

Aplique o movimento contrário, puxe-o para os temas que você domina com precisão, pois isso te deixará em situação de ampla vantagem.

Alguns políticos brasileiros aplicavam essa técnica e obtinham ótimos resultados, como Paulo Maluf, Mário Covas e Leonel Brizola.

Nos Estados Unidos, John Kennedy, Lyndon Johnson e Ronald Reagan se tornaram conhecidos por serem exímios debatedores e usavam essa técnica com frequência.

REGRA NÚMERO 5: MANTENHA A CALMA E A RAZÃO

Mantenha sempre a calma, mesmo nos momentos em que estiver sendo provocado. É melhor você desestabilizar o seu oponente demonstrando segurança, do que o contrário, isso vale tanto para debates ao vivo quanto para discussões na internet.

No começo, pode parecer difícil, mas a prática o levará a dominar a calma e a racionalidade, basta você se lembrar de que o vencedor mantém o semblante sereno e triunfante. É natural que você fique nervoso nas primeiras vezes em que debater, mesmo que sejam debates informais. No entanto, você irá melhorar com o tempo. Se possível, pratique com um amigo, ou sozinho, de frente para o espelho.

Mesmo atacado, controle-se e evite agir com agressividade, nunca humilhe o seu oponente, porque o mais importante é convencer o público externo sobre as suas posições. Aceitar provocações pode se resumir à mera perda de tempo e de foco. Desenvolva os pontos que sustentem sua afirmação sempre de forma razoável e racional.

Eu mesmo procuro aplicar a seguinte regra: "mais razão, menos emoção".

Quando fazemos isso, as vitórias nos debates são certas.

Foco! Estratégia!

REGRA NÚMERO 6: NUNCA SE JUSTIFIQUE. A MELHOR DEFESA É O ATAQUE

Jamais perca tempo se justificando, isso demonstrará fraqueza e insegurança.

Principalmente quando o ataque do oponente for de natureza *ad hominem*, isto é, contra a sua pessoa e não contra seus argumentos.

Se um adversário te acusar de incompetência, por exemplo, nunca responda algo como "eu não sou incompetente", porque você estará na realidade repetindo o ataque e reforçando a ideia negativa que ele tentou colar na sua reputação.

Neste caso, sob ataques desonestos, adote a seguinte linha: "meu adversário está tão desesperado por já ter perdido o debate, que agora perdeu também a capacidade de raciocinar". A seguir, volte a falar dentro da sua zona de competência, mantenha a racionalidade e deixe seu adversário desmoralizado e falando sozinho.

De novo: jamais se defenda repetindo a acusação do seu oponente.

Além de manter a calma, não sinta medo. Você está participando de um debate, não de um julgamento, e muito menos de um linchamento.

Aplique essas técnicas, encante o público com o seu autocontrole, cative a audiência identificando-se com ela e vença o debate.

» CONSIDERAÇÕES IMPORTANTES SOBRE DEBATES NA ATUALIDADE

Tenho certeza de que muitas vezes, em questões de religião e política, a capacidade de raciocínio de um homem não supera a de um macaco.

Mark Twain, escritor norte-americano.

Vamos te fazer três perguntas:

1. **Você precisa mesmo vencer um debate?**
2. **Aliás, é necessário que você participe de um debate?**
3. **Por quê?**

Ultimamente, o debate está para o mundo adulto como as discussões na escola estão para as crianças, receio dizer que com pouquíssima diferença. Isso porque, em tempo de polarização política, os argumentos cedem espaço a uma espécie de militância desprovida de razão, transformando o ato de debater em uma mera espuma para preencher a almofada das vaidades pessoais, isso quando não descamba para a agressividade gratuita.

Salvo casos em que o debate seja fundamental para os seus estudos ou a sua profissão — como uma eleição no clube, um debate na universidade ou na carreira política —, o mais recomendável é evitar participar dessas disputas.

Via de regra, a pessoa com quem você estiver debatendo não mudará de ideia, então poupe o seu tempo, sobretudo nas redes sociais, onde você desperdiçará sua energia sem conseguir atingir seus objetivos. E, pior, poderá gerar inimizades.

Como este livro trata de oratória, treinamento e estratégia, não estamos nos referindo à definição de debate como uma discussão de ideias com finalidades comuns, mas a uma defesa de causas com pessoas que discordam do seu posicionamento.

Assim, vamos à regra universal para debates não essenciais:

REGRA UNIVERSAL: EVITE DEBATES INFRUTÍFEROS

Entretanto, se o debate for importante para a sua profissão, seja na área acadêmica, na comunicação ou na política, entre outras carreiras, então este capítulo lhe será fundamental.

Pratique e adapte ao seu estilo as técnicas aqui apresentadas para conquistar uma imagem positiva perante o público.

Com foco e estratégia, siga rumo às vitórias, sempre!

FALAR IDIOMAS É FÁCIL

» DESTRAVA-LÍNGUAS: SOLTE A VOZ EM OUTROS IDIOMAS

> **Eu estudei inglês por cinco anos, mas não consigo falar.**

Quantas vezes você já escutou algo assim? Quantas pessoas você conhece que estudam um idioma estrangeiro durante anos a fio e não conseguem se expressar oralmente nele?

O quê? Você é uma dessas pessoas?

Então está na hora de mudar essa realidade, trocar a chave, começando agora mesmo.

Quando eu era diretor de uma agência internacional de comunicação, recebi a seguinte missão do Daniel J., CEO da empresa:

— Precisamos contratar rapidamente um assessor de imprensa para trabalhar com uma empresa coreana.

— E precisa falar coreano? — perguntei.

— Não — ele respondeu, e continuou —, ele só precisa ter o inglês fluente, isso é indispensável.

Imediatamente anunciei a vaga com a especificação clara do "inglês fluente" e recebi 15 currículos de profissionais bem preparados e alguns já experientes.

Selecionei os três que mais se encaixavam no perfil almejado e fiz as entrevistas. Por fim, escolhi o profissional que melhor se saiu na entrevista e o recomendei para o CEO da empresa.

— Ele fala inglês? — Foi a primeira pergunta do Daniel.

— Claro que sim, está aí no currículo dele: "inglês fluente" — eu respondi. — Ainda por cima, tem o diploma de formatura em inglês da mais conceituada escola internacional de Brasília.

— Ok, então me passa o telefone do candidato que você escolheu, por favor.

Meia hora depois, Daniel me retornou a ligação.

— Escolha outro, e desta vez faça a entrevista em inglês!!

— Mas por quê? — eu perguntei. — O que houve?

— Ele não fala inglês. Sabe escrever perfeitamente, sabe ler e compreende tudo o que dizemos em inglês, mas ele não consegue responder, trava por completo.

Assim, eu tive de recrutar outra pessoa e o candidato "ideal" perdeu uma vaga excelente, com um salário fantástico, simplesmente porque não conseguia se expressar naquele idioma.

Nada pior do que perder a vaga perfeita por causa da língua estrangeira. Pior ainda quando você estudou e conhece bem o idioma, mas não consegue falar.

Por isso, a nossa proposta agora não é te ensinar um idioma estrangeiro, para isso existem as escolas de línguas.

O que vamos fazer é te desbloquear, fazer com que você consiga falar tudo o que aprendeu. E isso serve tanto para o inglês quanto para o espanhol, para o francês, o alemão, russo, japonês, italiano, chinês, árabe, hebraico, enfim, para qualquer idioma que você deseje adotar como segunda língua, ou terceira, quarta...

Muitas vezes, a pessoa já consegue pensar tudo em outro idioma, mas na hora de falar, trava. Isso vai acabar agora.

Senhoras e senhores, sejam bem-vindos ao **DESTRAVA-LÍNGUAS**.

»OS 7 PASSOS PARA A FLUÊNCIA

Para soltar o seu idioma estrangeiro, contaremos com a consultoria do empresário, professor e poliglota Eduardo Meira, que também morou na China e fala fluentemente português (nativo), chinês, inglês e espanhol, além de se comunicar em russo e francês para assuntos do dia a dia e de arriscar diálogos em árabe.

Ao longo dos anos, Eduardo Meira desenvolveu técnicas para aprender, dominar e, principalmente, desbloquear e destravar a fala. É uma questão de treinamento do seu cérebro, de condicionamento mental.

Aqui sequer nos damos o direito de usar a expressão "medo de falar". Exclua esse pensamento da sua vida. Aqui nós temos é CORAGEM de falar.

FALAR É FÁCIL e nós vamos te mostrar o caminho fortalecendo a nossa parceria. A sua parte será praticar bastante e se empenhar. Com os 7 PASSOS para a fluência, você irá evoluir a cada semana e sua comunicabilidade em idiomas estrangeiros irá melhorar ininterruptamente.

Lembre-se do CAT (Conteúdo, Autoconfiança e Treino). Quanto mais você aplicar as técnicas, mais irá evoluir. Vamos, portanto, a elas:

1. FALE CONSIGO MESMO

Você provavelmente já consegue ler, entender e sussurrar fluentemente em outro idioma, isso é bom, mas quando se trata de falar em voz alta, começa aquela sensação de timidez. Pois, a partir de agora, você irá falar consigo mesmo na língua estrangeira em voz alta, com firmeza, confiança e convicção. Pronuncie as palavras desse idioma de forma articulada em voz alta. Repita as sentenças mais desafiadoras. Sim, é claro que você consegue, todos conseguem, há milhões de poliglotas no mundo e você será um deles.

Com esse exercício — conversando consigo mesmo, formulando diálogos em que você mesmo pergunta e responde —, você irá melhorar a sua pronúncia e treinará seu cérebro para se expressar na língua estrangeira. De novo, como dissemos anteriormente, esta é simplesmente uma questão de fortalecimento mental e autoconfiança. Vamos juntos libertar a sua mente e superar qualquer barreira. *FALAR É FÁCIL*.

No início, talvez você perceba um leve desconforto ao falar em voz alta para as paredes, ou para um campo de futebol vazio, ou para bois no pasto. Isso é normal e superável em poucos dias.

A chave agora é treinar seu cérebro e suas emoções para usar a voz com vontade em vez de apenas sussurrar. Você pode ler textos prontos na língua estrangeira, falar sobre o que aconteceu na sua última semana, ensaiar o que dirá em uma reunião de trabalho, e assim por diante. **SEMPRE NA LÍNGUA ESTRANGEIRA**.

Basta soltar a voz, respirar, pausar, e novamente vibrar as suas cordas vocais, que você gradualmente irá superar todos os obstáculos.

Nada de timidez consigo mesmo, você fala muito bem e merece ser ouvido, solte sua voz com vontade.

Assim que aumentar a sua segurança, comece a falar no idioma estrangeiro para uma ou mais pessoas, isso lhe trará mais confiança para falar em público.

2. ENSINE OUTRAS PESSOAS

*Diga-me e eu esqueço. Ensine-me e eu me lembro.
Envolva-me e eu aprendo.*
**Benjamin Franklin, escritor, cientista e político
norte-americano.**

A melhor maneira de entender um conceito ocorre quando você o explica a outra pessoa. Isso funciona perfeitamente no aprendizado de um idioma estrangeiro e, por conseguinte, o torna capaz de falar cada vez melhor. Esse segundo passo tem se revelado um dos mais importantes para desbloquear a mente e falar qualquer idioma.

A pirâmide de aprendizado, um conceito difundido pelo psiquiatra norte-americano William Glasser, nos mostra que o aprendizado ativo é bem mais efetivo que os métodos passivos.

Veja na imagem a seguir o quanto aprendemos com cada ação:

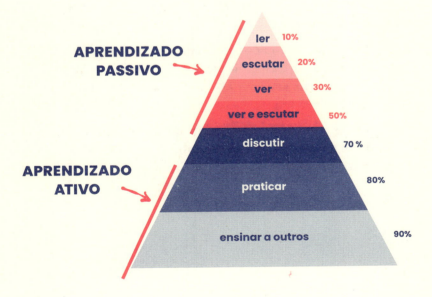

Você pode até estar se perguntando: "Como posso ensinar se não sou fluente no idioma?". Ok, entendemos seus questionamentos, mas com certeza você já sabe mais do que outras pessoas que estão começando agora, então, por que não as ajudar?[2] Além disso, o ensino é uma oportunidade para você treinar a sua fala. Se você tem amigos estudando aquele mesmo idioma estrangeiro que você pretende desbloquear, ajude-os a aprender a nova língua e explique como pronunciar as palavras. Você irá dominar a pronúncia e superar o bloqueio, e também memorizará um novo vocabulário e aprenderá muito mais rápido nesses momentos de ensino.

Essas são algumas formas de você ensinar:

- Se você compreendeu a lição, explique-a para seus colegas de sala;

- Encontre pessoas mais jovens que você, ou em um nível abaixo do seu, e ensine-lhes algo que eles ainda não sabem;

- Junte-se a um clube de palestras e dê sugestões aos seus parceiros;

- Participe de uma página ou grupo *on-line* de aprendizado de inglês, espanhol ou outras línguas e compartilhe seu conhecimento comentando os tópicos com frequência;

- Conte a um amigo, estudante de outro idioma, sobre uma nova frase que você acabou de aprender e ensine-o a usá-la.

---

2. Sobre esse tópico, leia o conto "O Homem que sabia javanês", de Lima Barreto, escrito em 1911. A obra encontra-se disponível em livros e na internet, são poucas páginas, apenas 10 minutos de leitura. Trata-se de um ótimo entretenimento somado ao aprendizado.

3. ALIE-SE À TECNOLOGIA

Com a palavra, a partir de agora, **Eduardo Meira**:

A principal chave para a fluência e destravamento em discursos, conversas, palestras etc. é o conhecimento do assunto. A tecnologia tem muito, mas muito a oferecer neste quesito.

Os dias de hoje oferecem ferramentas e recursos que são até covardia se comparados com os do meu tempo. Para ouvir e me familiarizar com os diálogos em línguas estrangeiras, eu, Eduardo Meira, tinha que ficar satisfeito ao encomendar uma caixa de fitas K7 — a preços absurdos — e, ante todas as dificuldades em ter que rebobinar quando queria repetir uma lição e encontrar o lugar na fita onde eu queria ouvir novamente, ainda tinha que dar a sorte de o meu cachorro não destruir a fita.

Felizmente, quando comecei a estudar mandarim, já existia um aparelhinho chamado MP4, com todas as suas facilidades, e a internet já dispunha de podcasts. Foi quando eu conheci o "Chinesepod.com", onde três anfitriões (um australiano e dois chineses) conversavam sobre coisas do dia a dia em chinês e depois faziam traduções, sempre com muito bom humor.

Comprei todo o método e suas mais de 800 aulas (na época). Passei a ouvir sempre que possível: durante as caminhadas, exercícios físicos, refeições e, principalmente, ao ir dormir.

Claro que apenas ouvindo podcasts eu não teria condições de destravar minha língua. Especialmente em um idioma tão estranho aos meus ouvidos. No entanto, este exercício me capacitava a conhecer situações. Isso se mostrou de muita importância no futuro, conforme mostrarei nos próximos passos.

Hoje em dia estamos imersos em uma fantástica biblioteca de conhecimentos que pode nos atender a qualquer hora e lugar. Para o nosso módulo, recomendo que ouçam podcasts, assistam a filmes em inglês com legendas em inglês (ou quaisquer outros idiomas que desejam aprender) e, principalmente, usem e abusem dos aplicativos de conversas com estrangeiros.

Sim! Seria "o grande peixe do meu tempo, a última Coca-Cola do deserto" se eu dispusesse deste recurso. Seguem alguns aplicativos que já testamos e são excelentes:

1. Babbel;
2. Hello Pal;
3. Hello Talk;
4. Speaky;
5. Busuu;
6. GoStudent;
7. Greengow;
8. Bilingua;
9. InterPals;
10. Idyoma.

No início, pode parecer um tanto estranho conversar com desconhecidos, especialmente podendo vê-los através de sua câmera de vídeo. Mas lembre-se de que eles estão ali para isso e que são remunerados para tal. Então, você estará fazendo bem tanto a você quanto a eles.

4. A MÚSICA ENSINA

A música é um dos melhores canais para se aprender idiomas. As lições e percepções que vêm das canções são extremamente completas. Ao escutar músicas, traduzir a letra e cantar junto, você vai conseguir treinar sua audição, sua memorização, sua fala e sua fluência. Ah, e principalmente, vai conseguir desbloquear sua mente e destravar sua língua. Repito: cante junto!

Durante anos os Beatles foram meus principais professores de inglês. Com um inglês fácil e intuitivo, o ritmo me cativava tanto que tratei logo de aprender as letras. É importante você entender o que as letras estão dizendo, pois isso facilitará a memorização e trabalhará o campo imaginativo-visual, uma vez que você conseguirá se ver em um Jardim de Morangos ou passeando em frente à barbearia da Rua Penny Lane.

Como já disse, à minha época não existiam tradutores automáticos. Eu precisava ter criatividade para fazer as traduções usando dicionários técnicos, eles não eram nada amigáveis. Ora, a música nem sempre tem um texto tão coeso quanto "Faroeste Caboclo". Normalmente, é um canal que frequentemente lança mão de licenças poéticas.

Uma vez traduzida, eu cantava as lindas canções, extremamente desafinado. Isso deixava-me bastante desconfortável, pois cantar num inglês pífio e ainda desafinado? Ninguém merece.

E é aqui que a chave gira e a estrela brilha. Sabem aqueles cantores que vão no "The Voice" e cantam desengonçadamente desafinados as letras mais absurdamente erradas? Estes caras são heróis. Eles viraram até entortar a chave da timidez e estão lá no programa, exacerbando suas desinibições, divertindo-se e acumulando histórias para contar.

Hoje, além de poliglota, sou músico — modéstia à parte, bastante competente. Aquelas minhas incursões pela mente, quando a canção *Yesterday* ficava guardadinha ali na minha memória com medo de sair, foram minha universidade. Eis que num belo momento, pensei: *Não quero saber. Vou cantar alto! Vou soltar a voz, mesmo desafinando e com meu inglês iniciante! Quando eu incomodar o vizinho, estarei satisfeito!*

Uma coisa que sempre chamou a atenção de meus colegas é que quando eu começo a estudar um idioma, no segundo dia, já estou procurando um nativo para conversar. Mesmo que eu não tenha vocabulário e gramática suficientes, aqueles exercícios me fizeram ter este tipo de atitude. Falo errado mesmo. Normalmente o nativo fica tão feliz em me ver tentando conversar em seu idioma natal que tende a me ajudar. O corolário é que em seis meses já nem preciso mais da ajuda dele e sigo meus próprios passos.

Seu estilo favorito vai ajudar demais nesta busca. Eu sou do Rock 'd 'Roll, do Blues e do Jazz. Portanto, no caso do mandarim, fui atrás de artistas como Wang Fang, DongLi HuoChe e Wu Bai para aprender chinês. Maitre Gimms, Zaz e Coeur du Pirate para aprender francês; Alaa Wardi, Namcy Ajram e Amr Diab para o árabe; Alejandro Sanz, Andrés Calamaro e Héroes del Silencio para o espanhol; Nastia, Kino e Aleksandr Pantíkin em russo; e vários outros. Ficam aí as minhas sugestões!

5. REGRA DO "2 POR DIA"

Quando eu morava na China, eu tinha um quadro de canetinha em frente à minha cama. Esta técnica quem me ensinou foi um colega da Nigéria que já morava na China havia 10 anos e era HSK6 (nível máximo de proficiência à época).

A técnica consiste em aprender um substantivo e um vocábulo menor (pronome, preposição, conjunção, interjeição) em um dia e escrever no quadro. No dia seguinte, um adjetivo e um advérbio. No terceiro dia, escolher dois verbos e formar duas frases (sempre frases úteis, do dia a dia) com todas as palavras aprendidas nos últimos três dias.

Ao fazer este exercício e escrever no quadro, você já estará exercitando sua memória visual, seu vocabulário e sua capacidade de formar frases. Mas para que a técnica realmente funcione, você precisa estar sempre falando o que está fazendo em voz alta e, principalmente, usar as frases. Esta sempre será a principal etapa do processo de destravamento da língua.

Lembro-me de que na primeira semana eu só criei frases sobre situações em que eu estava na cantina da universidade onde eu lecionava. Uma vez na cantina, eu procurava as pessoas e os quiosques nos quais as frases iriam funcionar. Os chineses ficavam felizes da vida: "Nossa, como seu mandarim está evoluindo rápido". Isso serve de combustível para nosso ego, uma motivação extra.

Na segunda parte da semana, eu fazia algo relacionado ao ambiente da sala de cópias. Depois, sobre a sala de aula, do ambiente de educação física, da academia de ginástica, e assim sucessivamente.

Percebi, no entanto, que não adianta correr mais do que minhas pernas podem suportar. Assim, quando as frases não funcionavam bem, eu as deixava ali por mais três dias.

Vou revelar um segredinho: no final das contas, percebi que o cerne do exercício nem se tratava da regra dos "2 por dia" propriamente dita. Tratava-se da capacidade de utilizar-se do meio ambiente para praticar os últimos aprendizados e desbloquear novas fases no seu jogo mental.

6. LIDERE O DIÁLOGO

Esta foi uma técnica que sempre utilizei de forma bem natural. Um dia eu percebi que fazia isso e resolvi descrevê-la.

O processo de aprendizado de idiomas, especialmente após nos tornarmos adultos, leva um certo tempo e necessita de método. Assim, necessariamente aprenderemos de forma seccionada. Já ouvi falar de um caso de um cidadão que entrou em coma e, quando saiu, nove anos depois, ele falava japonês fluente. Mas não devemos contar com situações "百万分之一" (Bǎi wàn fēn zhī yī, ou One in a million, que significa "uma em um milhão". Usei o chinês por ser uma expressão muito popular na China, existindo bandas, tatuagens e pichações com ela, especialmente em Hong Kong).

Portanto, o nível em que você estiver num dado idioma é o nível que você tem de usá-lo.

No entanto, ao conversar com um nativo, ele levará um bom tempo para perceber qual o seu nível e como ele deverá conversar contigo. Fato é que muitos nunca terão tal percepção. Para resolver isso, eu sempre criava algum subterfúgio para voltar para o assunto de meu domínio, ou alguma ponte para levar a conversa para um tema em que me sentia mais confortável.

Os motoristas de táxi na China foram um vasto laboratório para mim. Percebi que quando um morador local nos encontra pela primeira vez, o assunto sempre se desenvolverá em torno de "Você é de qual país?". Na China e na Rússia, ao mergulharmos neste tema, era quase que obrigatório que as respostas deles levassem ao "futebol". Eis que passei a me aprofundar neste assunto. Desta forma, a conversa fluía cada vez mais. Além disso, o motorista ficava feliz e também alimentava meu ego quando, no final das contas, inevitavelmente elogiava minha inteligência e capacidade de falar idiomas.

Isso por causa de apenas um assunto: futebol.

Não confunda "liderar a conversa para minha zona de conhecimento" com "liderar a conversa para minha zona de conforto". O conhecimento deve sempre estar evoluindo. Muitas pessoas acabam por ficarem satisfeitas com esse "truque" e esquecem de buscar objetivos mais longínquos.

A segunda parte deste passo é buscar o subterfúgio para voltar para o assunto — o que pode trazer monotonia ao diálogo e acabar por quebrar o clima — ou criar uma ponte para trazer a conversa para um outro tema de seu domínio. Na Rússia, quando o assunto futebol acabava, eu procurava falar de algo comum a eles. Como era o ano de 2014 e eles estavam sediando as olimpíadas de inverno, bingo! Mesmo porque linkar futebol com olimpíadas é algo relativamente tranquilo, pois o assunto dominante é o esporte.

— Pois é, o Ronaldo jogava muito. Mas incrível mesmo são aquelas moças varrendo freneticamente em frente às pedras de granito maciço no *curling*, diminuindo o atrito da pedra com o gelo no afã de levá-la ao alvo cujo nome é **CASA**.

Ok, obviamente eu procurava algo muito mais fácil para falar. E é justamente este o segredo do destravamento, da fluidez e do sucesso nos idiomas: quanto mais simples, melhor. Por exemplo:

— Ronaldo é muito bom, mas ele não consegue jogar curling.

7. DESAFIE-SE, SEJA COMPETITIVO

Sempre fui competitivo. Esta pode ser uma característica positiva ou negativa em cada um de nós, depende de como a usamos.

No meu caso, é positiva. Minha competitividade sempre foi mais com relação a mim mesmo do que com terceiros. Sempre quis me convencer de que posso mais e mais. Venci na maioria das vezes. Em outras situações, perdi. Mas isso faz parte, pois nunca desisti.

Muitas vezes eu ficava extremamente frustrado, pois, mesmo usando todas as técnicas à disposição, um francês da banca de jornais não entendia o que eu dizia ou o frentista do posto de gasolina em Santiago, no Chile, colocava mais gasolina do que eu pedira. Não era raro eu explicar com primazia o que eu e minha esposa gostaríamos de comer num restaurante em Xangai e o garçom voltar-se para a minha esposa (que tem os olhos puxados devido à sua descendência indígena) e perguntar o que eu tinha dito.

Uma salva de emoções, decepções e embaraços fez parte de todo este processo. Houve idioma, como o árabe, que embora eu não tenha desistido, perdi sobremaneira a motivação e me arrasto até hoje para sair de um nível intermediário capenga. Muitas vezes penso: *estou ficando velho, minha mente está flácida e minha língua, embriagada.*

Neste momento, os desafios e a competitividade são meu tratamento precoce. Um amigo acaba de se mudar para a Itália para desenvolver um projeto na área de turismo e, aparentemente, uma oportunidade de emprego veio à tona. Há poucas semanas, ele me ligou e perguntou se também falo italiano. Ao responder que não, ele me flecha um: "você tem seis meses para aprender".

Em suma, motivação é um elemento essencial em todos os processos de nossa vida. Mas também não é um fruto que dá em árvore ou chuva que cai do céu. Cabe a cada um de nós descobrir nossas paixões e perseguir nossas motivações, agarrando-as sem piedade e não as deixando escapar. Quando eu morava na China, eu tinha muitos amigos de origem árabe que insistiam para que eu aprendesse o "Velho Idioma". Minha motivação estava ali. Quando o ambiente mudou, aprender aquele idioma perdeu o sentido, o que, de certa forma, me paralisou.

Mas o fato desse meu amigo ter me ligado da Itália fez com que minha motivação caísse do céu, certo? Errado. Desde que ele se mudou para lá, o nosso objetivo era mantermos o contato. Neste momento, estou revisando todos os idiomas que já domino e empenhadíssimo no aprendizado de outro.

Em seis meses, já sei qual novo idioma estarei falando, *capisci*?

PENSE EM INGLÊS

Se os seus pensamentos já se construírem em um idioma estrangeiro, as palavras irão fluir naturalmente quando você falar.

Isso vale tanto para o inglês quanto para todos os outros idiomas: espanhol, francês, chinês, árabe, hebraico, alemão, italiano etc.

» DICAS FUNDAMENTAIS

TROQUE A CHAVE

Quando você estiver falando uma outra língua, esqueça a sua língua nativa. Pense tudo no outro idioma, porque cada língua possui estruturas e lógicas próprias.

RACIOCINE EM OUTRO IDIOMA

Quanto mais você conseguir raciocinar no idioma que deseja falar, mais fluente será. Vou repetir: esqueça sua língua nativa nesses momentos, pense exclusivamente no idioma estrangeiro, assim você conseguirá se comunicar com muito mais naturalidade.

NÃO TRADUZA, ENTENDA

Quando pesquisar o significado de uma palavra no idioma estrangeiro, em vez de traduzir o verbete para o português usando ferramentas como o Google Tradutor, procure-o diretamente no dicionário deste idioma estrangeiro.

Ou seja, antes de procurar em um dicionário "inglês-português", busque o vocábulo em um dicionário "inglês-inglês", ou "francês-francês", "alemão-alemão", e assim por diante.

Há várias opções *on-line*.

Para o inglês, recomendo:

- **www.thefreedictionary.com**
- **https://www.oxfordlearnersdictionaries.com**
- **https://dictionary.cambridge.org/pt**
- **www.merriam-webster.com**

ASSOCIE PALAVRAS ÀS IMAGENS

Aproveite a internet para usar mais uma técnica vencedora.

Para saber o significado de uma palavra, digite-a no Google e olhe a seção Imagens.

Por exemplo, ao procurar o substantivo snow, vá direito para as imagens e aparecerão várias fotos de neve. Assim, seu cérebro irá memorizar a experiência de imediato, associando a palavra à cena, sem que você precise pensar no significado em português.

Se você buscar por *raisin*, as imagens mostradas trarão uvas-passas, então você nem precisará pesquisar a tradução. Se digitar *hula hoop*, verá fotos de bambolês, e assim por diante. Sua cabeça irá guardar a nova palavra automaticamente.

Gostou da sugestão? *So, practice it now*!!

TV, CELULAR, COMPUTADOR? SÓ EM OUTRO IDIOMA

Mude as configurações dos seus aparelhos para o idioma que você quiser falar: SmarTV, celular, tablet, computador, laptop, enfim, todos eles. Assim, você irá praticar a todo instante.

Nos teclados e aplicativos, como os do celular, insira os idiomas que deseja falar.

Quando eu cheguei à China, no meu trabalho, deram-me um computador em mandarim e eu tive de me virar. Isso me ajudava muito a memorizar as palavras.

Hoje, no meu celular, por exemplo, o teclado está configurado para os seguintes idiomas: português, inglês, espanhol, mandarim, italiano e francês. Assim, consigo falar com os amigos de outras nações em suas línguas nativas.

PESQUISE EM OUTRA LÍNGUA

Se você deseja obter conteúdo sobre determinado assunto, procure no idioma que estiver estudando. **SEMPRE.**

Por exemplo: quer informações sobre o PIB dos Estados Unidos, procure em inglês por "USA GDP". Quer saber mais sobre os hábitos alimentares do leão, busque por *"lion prey list"*. E assim sucessivamente.

Isso irá condicionar seu intelecto a absorver o conteúdo na língua estrangeira.

Seja em forma de texto, áudio ou vídeo, tanto faz, o importante é que esteja no idioma objeto da sua fluência.

Repita frases, expressões e sentenças em voz alta, com segurança, firmeza e convicção.

ASSISTA E OUÇA PROGRAMAS EM OUTRAS LÍNGUAS

Ouça todos os dias algum programa no rádio, na TV ou no computador, ou um podcast, aula *on-line*, vídeo do Rumble ou do YouTube, o que importa é escutar em outro idioma.

Sabe quando deixamos a TV ligada e vamos fazer outra coisa? Pois é, mesmo que você não esteja prestando atenção no conteúdo, o áudio estrangeiro ao fundo continuará moldando a sua mente para falar o idioma desejado. Isso porque o nosso subconsciente nunca para de trabalhar.

Novamente, repita frases e expressões importantes, em voz alta, interpretando de acordo com a situação em que esse tipo de fala é empregada.

Quando eu era criança, o conteúdo em outro idioma era escasso. Só o víamos nas escolas de inglês. Os filmes para crianças eram todos dublados, então só nos restava escutar algumas músicas em outros idiomas.

Mas hoje, com a internet, celular, TV por assinatura e streamings, o conteúdo do mundo inteiro está dentro de casa, na hora que a gente quiser. Ficou muito mais fácil dominar um idioma estrangeiro. Aproveite!

» PARA AS CRIANÇAS

O cérebro das crianças funciona como uma esponjinha, eles absorvem tudo ao seu redor e se expandem rapidamente. Por isso, o melhor momento para começar a aprender idiomas ocorre durante a infância. É claro que adultos são capazes de aprender novas línguas e armazenar vocabulário. Porém, introduzir a garotada a diferentes idiomas desde cedo é fundamental.

Quando eu morava em Pequim, viviam no meu prédio mais de 100 estrangeiros de dezenas de nações. Pensou na Torre de Babel? Então, parecia isso mesmo.

Era comum eu descer ao térreo e ver crianças de várias nacionalidades interagindo no idioma "criancês". Isto é, os pequenos se viram para se comunicar, dão um jeito, trocam a chave sem nenhuma parcimônia. As crianças eram filhas dos nossos colegas de trabalho na rádio.

Um dos meninos, de apenas 5 anos de idade, falava inglês, chinês, croata e persa. Outra garotinha, mais ou menos da mesma idade, também se comunicava em inglês, chinês, suaíli e francês. Eram pequenos poliglotas que, na fase adulta, disporão de mais facilidade para se expressar nessas e em outras línguas.

Portanto, se você tem um filho pequeno, é recomendável desde já apresentá-lo a um ou dois idiomas estrangeiros. Exponha-os sempre que possível a essas línguas, assista a filmes em inglês, espanhol etc. (sem dublagem nem legenda, é claro). Há inúmeros programas infantis nessas línguas disponíveis na internet, em canais de streaming e na TV paga.

Há, ainda, programas educativos que ajudarão as crianças a desenvolver a aptidão de dominar diferentes idiomas.

Não as force a aprender como se fosse uma aula. Faça tudo parecer uma brincadeira, uma diversão, algo natural na idade deles.

DESENVOLVER OUTRO IDIOMA ATRAPALHA O APRENDIZADO DE PORTUGUÊS?

Não, muito pelo contrário, o conhecimento de outra língua nos ajuda com nossa língua pátria, pois temos acesso a mais vocabulário e novas estruturas linguísticas que nos trazem ganhos em diferentes áreas.

Se a língua for apresentada às crianças de uma forma divertida, elas tomarão gosto desde cedo. Para elas, principalmente as mais novinhas, não existe diferença entre línguas nativa e estrangeira, esse conceito só aparece mais tarde nas nossas vidas. Para os pequeninos, as línguas são ferramentas de comunicação para brincar, comer, reclamar de algo e pedir as coisas, não existe fronteira entre os idiomas.

Pergunta:

O que vocês acham de um FALAR É FÁCIL exclusivo para as crianças?
Responda pra gente nos nossos perfis nas redes sociais.

Obrigado.

FALE CADA VEZ MAIS FÁCIL

>> MELHORE A SUA FALA TODOS OS DIAS

Das palavras, as mais simples; das mais simples, a menor.
Winston Churchill, estadista britânico.

SEJA OBJETIVO

Em uma sociedade de tempo escasso e informações abundantes, é cada vez mais imperativo comunicar-se com objetividade.

FALAR É CORTAR PALAVRAS

Vou contar uma história rápida, talvez a melhor sobre objetividade ao se expressar.

Um certo dia, o peixeiro da feira resolveu pendurar uma placa na sua banca que dizia: "Vende-se peixe fresco hoje". Passou uma cliente e perguntou:

— Para que esse "hoje"? Já notou que todo dia que tem feira é hoje?

O peixeiro pegou a placa e apagou a palavra "hoje".

Aí, passou um segundo freguês e disse:

— Peixe fresco? Por acaso alguém venderia peixe estragado?

O peixeiro apagou a palavra "fresco".

Um terceiro olhou e disse:

— Onde é que estão dando mercadoria de graça na feira?

Lá foi o peixeiro apagar a expressão "vende-se".

Veio uma quarta pessoa e comentou:

— Claro que é peixe, qualquer um sente o cheiro a 50 metros daqui.

O peixeiro apagou a palavra "peixe", quebrou a placa e a jogou fora.

Naquele dia, ele vendeu tudo sem placa nenhuma.

Viu só? Quanto mais objetividade ao falar, melhor, isso vale também para a escrita.

Exclua os excessos, corte a "gordura", elimine tudo o que for desnecessário na comunicação.

Foi dessa forma que o ex-primeiro-ministro britânico, Winston Churchill, se tornou um dos maiores oradores do século XX, adotando a simplicidade e a objetividade nos seus discursos.

Em um dos maiores discursos já registrados na história, proferido em 1940, na Grã-Bretanha, e conhecido no Brasil como "Sangue, Suor e Lágrimas", durante a Segunda Guerra Mundial, Churchill conseguiu unir o povo britânico em torno de uma campanha pela vitória contra um poderosíssimo inimigo: a Alemanha nazista.

E quanto tempo durou esse discurso memorável? Cinco minutos.

Ora, se um líder consegue, em apenas 5 minutos, levar milhões de pessoas a entrarem numa guerra com o espírito da vitória, então todo minuto extra que gastamos em um discurso resume-se apenas à incapacidade de concisão.

» APLIQUE A PIRÂMIDE INVERTIDA

No jornalismo, o conceito da pirâmide invertida é usado há mais de um século e funciona perfeitamente até hoje. Ou melhor, hoje, com a falta de tempo e excesso de informações, esse método é ainda mais importante.

Ele consiste basicamente na seguinte premissa: diga primeiro o que for mais importante.

Vamos desenhar:

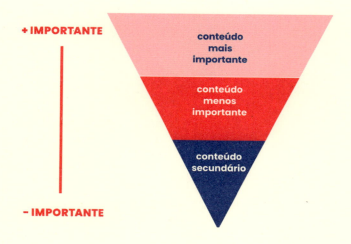

Vou exemplificar.

Imagine a cena: você está saindo de casa para o trabalho e encontra o corpo de um homem caído em sua varanda, imóvel. O que você irá dizer quando ligar para a polícia?

Vamos simular que você discou 190 e um policial atendeu dando origem à seguinte conversa por telefone:

— Alô, serviço de emergência policial, bom dia!

— Alô, bom dia. Eu moro no Jardim Conceição. Olha, eu fui dormir ontem às 23 horas, estava tudo normal, não havia ninguém na varanda da minha casa. Não ouvi nenhum barulho durante a noite, até porque meu quarto fica no fundo de casa. Acordei hoje às 7h, escovei os dentes, fui para a cozinha, comi umas torradas, tomei suco de laranja, depois fui até o banheiro para tomar um banho. Terminei de me arrumar às 7h29, abri a porta da frente de casa às 7h30. Olhei para a varanda e me deparei com o corpo de um homem caído no chão, não sei se está vivo ou morto.

Faz sentido? É óbvio que não, ninguém falaria isso tudo.

Assim que a polícia atender o telefone, você dirá:

— Tem um corpo estendido aqui na minha varanda.

Entendeu como funciona? É bem simples, o mais importante vem sempre primeiro. As demais informações, também em ordem de relevância, nós falamos na sequência.

Essa história sempre nos era contada pelo professor de rádio na universidade — aquele professor que terminava a aula antes da hora.

E essa explicação nos marcou.

Da mesma forma que funciona no jornalismo, funciona na vida, funciona no trabalho, nas redes sociais, nos vídeos e nas mensagens de celular.

ABORDE OS 6 PONTOS PRINCIPAIS NA SUA MENSAGEM

Já ouviu falar em lead (lide) de jornalismo? O lead é a primeira parte de qualquer notícia, matéria ou reportagem, aparece logo no primeiro parágrafo e segue a lógica da pirâmide invertida.

Pois bem, na sua comunicação diária, para ganhar tempo e dinheiro, use o método do lead em jornalismo.

A sua mensagem falada ou escrita precisa responder antes de tudo a essas **SEIS perguntas**:

O quê? Quem? Quando? Onde? Como? Por quê?

Toda informação extra, quando necessária, vem depois dessas.

MENSAGENS POR CELULAR

Pense agora em você convidando a sua amiga Patrícia para uma festa. O melhor é enviar uma mensagem de voz concisa com a técnica do lead.

— Paty, nesta sexta-feira tem uma festa na casa do Glauco, em Ipanema, a partir das 8 da noite, é aniversário dele. Te dou carona, vamos?

Você disse tudo o que precisava com perfeição em apenas 9 segundos e respondeu às seis questões:

- **O quê? Festa;**
- **Quem? Glauco;**
- **Quando? Sexta à noite;**
- **Onde? Ipanema;**
- **Como? Carona;**
- **Por quê? Aniversário.**

Mais uma mensagem por celular com as técnicas do lead:

— Filho, o avião pousará às 19h no aeroporto de Salvador. A Luciana prefere pegar um táxi para ganhar tempo.

- O quê? Voo;

- Quem? Luciana;

- Quando? Às 19h;

- Onde? Aeroporto;

- Como? Táxi;

- Por quê? Ganhar tempo.

De novo, uma mensagem que transmite todas as informações necessárias em menos de 10 segundos. Pratique você também a objetividade.

Sempre que você enviar mensagens pelo celular ou rede social, seja na forma escrita ou falada, ou gravar um vídeo, Reels e similares, aplique tanto a pirâmide invertida quanto o lead, respondendo diretamente às perguntas principais.

Se a pessoa que recebe a mensagem não tiver tempo de ouvi-la inteira, ela já conseguirá entender o conteúdo mais relevante nos 10 ou 15 segundos iniciais da sua fala.

Essas regras valem sobretudo para o seu trabalho, onde você receberá o reconhecimento por ser um comunicador eficiente e objetivo, comportamento extremamente valioso para as empresas (e para os amigos também).

>> FALAR É SIMPLES

Se você não consegue explicar algo de forma simples, é porque você não entende o que está explicando.
Albert Einstein, físico alemão.[3]

A simplicidade é uma grande aliada da objetividade. Vamos voltar à citação de Churchill: "das palavras, as mais simples."

Ora, deixemos a erudição para os poucos momentos em que ela se faz necessária, para a academia e os poemas. E a linguagem técnica para os estudos, hospitais e tribunais, não para uma comunicação eficiente do dia a dia.

Se uma pessoa quiser se meter a intelectual, poderia dizer algo assim:

— O menos tu tergiversares, menor restará a obnubilação entre teus comensais.

As palavras acima soariam para a maioria das pessoas como esnobes e confusas, para não dizer piegas.

É muito melhor falar:

— Quanto menor a enrolação, mais as pessoas irão te entender.

Salvo se a sua apresentação estiver direcionada a um público acadêmico, ou em um ambiente intelectual, prefira a leveza de construções simples.

Para se fazer entender de forma fácil e desenrolada, fale como se você estivesse explicando alguma coisa para a sua tia Alzira. Se ela entender, é sinal de que você foi claro e de que todos entenderão.

----

3. A frase também é atribuída a Richard Feynman, físico norte-americano.

» PRÁTICA FINAL: DESAFIOS DE IMPROVISAÇÃO

Agora, vamos à cereja do bolo dos exercícios de fala: os desafios de improvisação. Ao chegar neste ponto do livro, absorvendo os conhecimentos e executando as atividades propostas, você já reúne todas as condições para vencer este desafio e se tornar a mais nova joia lapidada da oratória.

Concentração. Foco!

 **IMPORTANTE**

Antes de COMEÇAR A LER os desafios, saiba que você precisará de:

- Ao menos 30 minutos para se dedicar a eles;
- Papel e caneta;
- Deverá estar em um ambiente onde você possa falar em voz alta e, de preferência, gravar um vídeo ou um áudio para cada um deles;
- Um aparelho celular;
- Um relógio ou cronômetro.

(Se puder atender a essas condições agora, prossiga. Do contrário, no momento oportuno, volte nesta página para começar os desafios.)

Você poderá cumprir esses desafios sozinho ou em dupla, como preferir. Se quiser convidar mais gente para assistir, vá em frente, isso é bom.

Pegue o seu celular, deixe o aparelho pronto para gravar o vídeo ou a sua voz, você receberá 3 missões para usar sua capacidade de improvisação, rapidez de raciocínio e criatividade.

Leia as instruções com bastante atenção e imediatamente cumpra os desafios dentro das regras estabelecidas.

DESAFIO NÚMERO 1: O EVENTO

Celular em mãos? Vamos lá!

Você sofreu um apagão de memória. De repente, abre os olhos e percebe estar em um auditório lotado.

Ainda sem entender o que está acontecendo, olha para o palco e vê a apresentadora do evento, sorridente, falando o seguinte:

— Agora, nós vamos exibir um vídeo institucional e, dentro de dois minutos, iremos receber no palco a senhora/o senhor *fulano de tal*. — A apresentadora fala o seu nome.

Meu Deus, você irá falar dentro de 2 minutos, e agora? Você nem sabe do que se trata. O que você vai falar? Quem são essas pessoas?

Aí você olha para o telão ao fundo do palco e lê o nome do evento em letras garrafais (você tem 60 segundos para escolher um destes três eventos):

EVENTOS

- Formatura da 5ª Turma de Odontologia de Belo Horizonte;
- Abertura do II Congresso de Administração de Fortaleza;
- Encerramento do XIX Simpósio da Construção Civil de Porto Alegre.

Escolheu? Muito bem, você dispõe de 2 minutos para pensar no seu discurso, que deverá incluir os cumprimentos aos presentes e a despedida.

Depois desses 2 minutos de preparação, comece a gravar de 3 a 4 minutos do seu discurso para a plateia.

Comece agora, valendo!

Pronto, tempo esgotado.

E então, fácil demais?

O importante, neste momento, é executar o exercício e treinar a sua mente.

Essas atividades criarão oportunidades para você treinar a sua capacidade de improvisar, raciocinar rapidamente e ser criativo.

Agora, passaremos ao segundo desafio desta etapa consagradora.

DESAFIO NÚMERO 2: Venda rápida

Hoje é o último dia para bater a sua meta de vendas, falta apenas **UMA VENDA** para receber o tão almejado bônus diamante.

O dia se aproxima do fim, você está no metrô voltando para casa quando vê o Fernando, um velho amigo, entrando no mesmo vagão que o seu.

Ele descerá na próxima estação, então você tem 2 minutos para convencê-lo a comprar o seu produto ou serviço (veja a lista a seguir e escolha apenas uma opção, você tem 60 segundos para escolher).

LISTA DE PRODUTOS E SERVIÇOS

- Uma caixa de três vinhos portugueses;
- Uma SmartTV;
- Uma tarde no spa;
- Uma viagem para Buenos Aires.

Pronto, escolheu?

Agora, você tem 90 segundos para pensar na sua tática de venda.

Passados os 90 segundos, você tem 2 minutos para convencer o seu amigo a comprar seu produto ou serviço. Tolerância máxima de 30 segundos além dos 2 minutos.

Comece a gravar **AGORA**.

E aí, como você se saiu? Tirou de letra?

Muito bem, agora respire fundo, tome um pouco de água e vamos para o próximo desafio, um pouco mais elaborado.

DESAFIO NÚMERO 3: Viagem de Férias

Luiz Gonzaga ocupa assento cativo na galeria dos maiores artistas da cultura brasileira. Criativo e talentoso, o pernambucano compôs e interpretou algumas das canções mais marcantes da música nacional. Entre os destaques, temos O Xote das Meninas, Assum Preto e A Morte do Vaqueiro. Todavia, os versos de Asa Branca habitam mais profundamente a memória emocional dos brasileiros, traduzindo a dura realidade do sertão nordestino.

Logo na primeira estrofe, Gonzagão lamenta as agruras da seca. Vamos relembrar:

*Quando oiei a **terra** ardendo*
*Qual **fogueira** de São João*
*Eu preguntei a Deus do **céu**, uai*
Por que tamanha judiação?
Eu preguntei a Deus do céu, uai
Por que tamanha judiação?

(GONZAGA, Luiz & TEIXEIRA, Humberto. Asa Branca, 1947)

Reparou nas palavras grifadas em negrito? Pois bem, aqui começa o seu desafio.

Você vai tirar férias e decidiu ir para o estado de Pernambuco, quer conhecer Olinda e Recife, talvez passar por Caruaru, só que a sua companheira de viagens será madrinha de casamento bem no meio das suas férias, e desta vez ela não poderá viajar contigo.

E agora? Vai viajar sozinho?

Nada disso, a Andreia, aquela amiga de infância, conseguiu um período de férias na mesma época da sua folga.

Agora, você só precisa convencê-la de que Pernambuco é o destino ideal.

Porém, neste momento, ela está no site da companhia aérea a ponto de comprar uma passagem promocional para Florianópolis, o voo já está quase lotado, então você precisa ser rápido para fazê-la mudar de ideia.

Mas não é só isso. Nesta improvisação, você precisará usar as três palavras grifadas na letra de Asa Branca:

1. **Terra;**

2. **Fogueira;**

3. **Céu.**

Espere aí, ainda tem mais uma coisa. Você também deverá dizer no meio da sua argumentação um famoso ditado popular brasileiro:

"Deus escreve certo por linhas tortas."

Anotou tudo? Perfeito, você dispõe de 2 minutos para elaborar sua argumentação e, em seguida, de 2 a 4 minutos para convencer a sua amiga usando as três palavras e o ditado popular durante a sua fala.

Vamos começar… valendo!

Tempo esgotado, escute a sua argumentação e avalie a sua performance. Gostou?

Antes de tudo, o importante é que você execute as tarefas exatamente como foram transmitidas, os resultados irão evoluir com o tempo.

Quer repetir os exercícios? Tudo bem, é possível.

Mas você só poderá repetir os desafios quando puder contar com a presença de outra pessoa, seja alguém da sua família ou algum amigo, que invente novos produtos, serviços, eventos, canções, palavras e ditados, assim a improvisação será novamente desafiadora.

» DICAS PARA OS DESAFIOS DE IMPROVISAÇÃO

Agora que você já concluiu a última prática, leia as dicas a seguir e veja como evoluir ainda mais nas suas técnicas e competências.

DICAS PARA O DESAFIO NÚMERO 1: O EVENTO

Há técnicas e roteiros para discursos nessas ocasiões. Logo no começo, por exemplo, você irá agradecer o convite, cumprimentar os presentes, saudar os diretores, organizadores e autoridades.

Depois, no desenvolvimento do discurso, você irá exaltar a profissão, narrar a importância daquele setor para a população e para o país (ou a região), ressaltar a relevância da carreira para a vida das pessoas, para a movimentação da economia e geração de empregos.

Neste momento, você também poderá fazer perguntas retóricas ao público, como: "Alguém aqui cogitaria desistir de objetivos tão nobres e de metas tão ambiciosas?".

Por fim, há o encerramento, em que você poderá lançar mão de uma frase famosa, de um pensamento oportuno, ou de um ditado popular, finalizando com mais agradecimentos e a despedida.

Lembra-se dos tópicos de uma dissertação? Então, os pontos aqui neste desafio são os mesmos:

- **Introdução: agradecimentos e cumprimentos iniciais;**
- **Desenvolvimento: a importância daquele momento;**
- **Conclusão: colocações e agradecimentos finais.**

>  **IMPORTANTE**
>
> Jamais seja dominado pelo medo em qualquer caso de improvisação, mesmo se convidado a discursar repentinamente sobre qualquer assunto. Respire, mantenha a calma e a lucidez, faça pausas e adote as técnicas contidas neste livro. O resultado será surpreendente.

DICAS PARA O DESAFIO NÚMERO 2: A VENDA RÁPIDA

Neste exercício, você não precisa ser um vendedor experiente para completar a sua missão. Eu mesmo não sou vendedor, mas também há algumas técnicas simples para conduzir o diálogo, entre elas:

- Escolha o produto que você conheça melhor (a letra C do CAT = Conteúdo);
- Venda uma solução ou um sonho, não o produto;
- Foque na necessidade do cliente. Na falta dela, crie uma;
- Personalize o seu atendimento;
- Fale a verdade sobre o produto ou o serviço, seja sempre franco e honesto, isso gera credibilidade;
- Associe a sua mercadoria a um assunto importante do momento.

Os produtos listados nessa técnica, embora de imediato pareçam diferentes, possuem uma finalidade em comum: o relaxamento, um momento de descanso, de pensar na vida, de aproveitar bem o dinheiro que ganhou com o suor do seu trabalho.

Viu só como as mesmas técnicas se aplicam a diferentes discursos? Basta exercitar, você agora já é capaz.

DICAS PARA O DESAFIO NÚMERO 3: A VIAGEM DE FÉRIAS

Esse desafio, a princípio, parece um pouco mais complexo, mas na verdade acaba unindo as técnicas já empregadas nos dois primeiros desafios, facilitando a sua execução.

Especificamente sobre o tema "viagem", é fácil demais utilizar as palavras **céu** e **terra**. Quanto à **fogueira**, basta citar as famosas festas juninas de Pernambuco.

Os ditados populares, por sua vez, permeiam nossas conversas rotineiramente, podemos cavar as oportunidades para encaixá-los em um bate-papo com os amigos.

Mais uma vez, reforço a necessidade de manter a calma, a serenidade e a autoconfiança, isso te levará a fazer as escolhas certas em cada situação.

>> CONFIRME A SUA EVOLUÇÃO

Semanas atrás, no começo da leitura deste livro, você gravou os três primeiros exercícios da prática inicial e armazenou os vídeos e áudios, certo?

É chegada a hora de você comprovar como evoluiu tanto em tão pouco tempo.

A autoconfiança adquirida nesta nossa parceria, nos exercícios e nas mentalizações estão te levando ao caminho da excelência na arte de falar.

Vamos conferir agora a notável diferença entre o instante em que demarcamos o seu ponto de partida e, agora, o seu momento de aclamação.

Daquelas três práticas, você irá repetir as **duas primeiras**, aplicando as técnicas que você aprendeu nas últimas semanas, desde a respiração até a dicção, dentro do seu estilo pessoal.

Mais que ler e apresentar, você irá interpretar e oferecer uma performance digna de aplausos.

Vamos lá:

PRÁTICA NÚMERO 1: Leitura

Grave em até 2 minutos a sua leitura do texto *Futebol para chinês ver.*

PRÁTICA NÚMERO 2: Vídeo sobre algo de que você gosta

Grave um vídeo de 2 a 3 minutos falando sobre algo de que você gosta muito, um assunto que você domine. Dê o melhor de si.

Depois que fizer essas duas gravações, você deve compará-las com as gravações feitas no início dessa nossa jornada. Pode fazer isso agora mesmo, por gentileza.

E então, o que achou?

Muita diferença, não é?

Se você achar necessário, pode regravar também a prática 3, o vídeo sobre um assunto que você **NÃO** conhece.

De minha parte, nem preciso ver cada um desses áudios ou vídeos, pois tenho certeza de que você atingiu o nível de excelência.

O que eu tenho a dizer é: **PARABÉNS**!!

» O PREPARO É O SEU TROFÉU

Grandes mentes discutem ideias, mentes medianas discutem acontecimentos, mentes pequenas discutem pessoas.
Henry Thomas Buckle,
Historiador inglês

Dois visionários mudaram o mundo mais do que qualquer outra pessoa nas últimas cinco décadas: Steve Jobs e Bill Gates.

O que eles tinham em comum quando iniciaram seus projetos de tecnologia que transformaram sociedades inteiras ao redor do globo?

Ou melhor, o que eles **NÃO** tinham?

Eles não tinham um diploma universitário.

Isso mesmo. Nenhum dos dois era graduado ao criar suas empresas, que rapidamente entraram no seleto grupo das maiores do mundo: Apple e Microsoft.

Quer dizer que diplomas não são importantes? Longe disso, é claro que são. No entanto, um papel emoldurado na parede ou enrolado dentro de um canudo, por si só, não representa garantia de sucesso.

Criatividade, determinação, perseverança, motivação e capacidade empreendedora são mais determinantes para o sucesso do que a formação acadêmica. Os estudos e conhecimentos são muito úteis quando aplicados com entusiasmo, planejamento e diligência.

O norte-americano Napoleon Hill, pioneiro nos livros de desenvolvimento pessoal, depois de estudar e entrevistar centenas de pessoas bem-sucedidas, listou as 16 leis do sucesso das grandes personalidades e dos bilionários. Elas incluem: a definição clara de um propósito, concentração, iniciativa e autocontrole, entre outros atributos.

Algumas das 16 leis expostas por Hill também estão contempladas neste livro, uma vez que, ao desenvolver a sua fala e melhorar a sua capacidade de comunicação, você irá acumular aptidões e qualidades necessárias para o sucesso.

Entre elas, devemos destacar:

- **Autoconfiança;**
- **Liderança;**
- **Capacidade de motivar pessoas;**
- **Formação de uma personalidade agradável;**
- **Maior interação com grandes grupos.**

Por isso, *FALAR É FÁCIL* apresenta muito mais que teorias.

Este livro atualiza e expande os conceitos, desafia a inteligência, enaltece o esforço pessoal, motiva o trabalho em grupo e a aplicação sistemática dos conhecimentos adquiridos.

No decorrer de 7 semanas de leituras e atividades, a pessoa transcende a simples condição de leitora passiva para se tornar uma participante ativa de *FALAR É FÁCIL*.

No começo desta obra, propusemos uma parceria. Portanto, agora nós todos somos parceiros, verdadeiros aliados, e vamos continuar trilhando juntos esta jornada de sabedoria, trabalho e sucesso.

A nossa parceria irá crescer cada vez mais com os vídeos apresentados na internet, alguns deles pré-gravados, outros no formato de *live*, ao vivo, permitindo uma maior interação entre os membros do nosso grupo.

Ao completar as 7 semanas de *FALAR É FÁCIL*, você já é capaz de falar com maior propriedade e confiança. A fórmula

CAT & DOG irá fazer parte da sua vida, melhorando cada vez mais a sua oratória e a sua capacidade de se comunicar com eficiência e carisma.

Tanto a sua locução quanto os seus vídeos e discursos foram aperfeiçoados de forma exponencial ao longo dessas semanas.

Isso significa que você já pode parar com as práticas?

De jeito nenhum, as atividades são importantes para melhorar cada vez mais suas habilidades de fala, oratória, dicção, para dominar idiomas, entre outras aptidões.

Artistas, jornalistas, youtubers, apresentadores, porta-vozes, locutores e outros profissionais estão sempre aprimorando o ato de falar e exercitando suas vozes.

Como dissemos antes, a habilidade para se comunicar não é um dom natural, mas algo que nós desenvolvemos.

Nessas sete semanas, afloramos em você seu talento de uma forma condicionada, assim, você terá controle para aperfeiçoá-lo ainda mais, porque o seu talento é fruto do seu **PREPARO**.

Muito melhor do que depender da sorte ou do destino é ter autonomia pessoal para aumentar as suas aptidões, potencializar seus ganhos e atingir o sucesso.

Lembre-se: a autoconfiança obtida pelo seu preparo lhe garante competências vencedoras.

Primeiro, semanas atrás, você confiou em mim.

Muito obrigado por isso!

Agora, sou eu que confio e me orgulho de você.

Vamos seguir juntos com foco e estratégia!

SUCESSO!

AGRADECIMENTOS

Mais uma obra concluída, mais uma oportunidade de agradecer a Deus por tudo o que eu tenho, e a meus pais, a dona Nice e o Sr. Aguinaldo, por tudo o que sou.

Meus agradecimentos especiais vão para a Tathy por sua paciência infinita, também para a Fernanda e toda a minha família, pelo apoio incondicional.

Um salve caloroso ao Meira, amigo e parceiro de longa data, outro ao Felipe e ao Saulo, donos de soluções para tudo o que precisamos.

Vale lembrar que nada disso seria possível sem o suporte da nossa querida equipe editorial, vocês têm toda a minha gratidão.

E, claro, a motivação para oferecer um material cada vez melhor se renova na vibrante energia das pessoas que há anos acompanham o meu trabalho.

É um privilégio caminhar ao lado de vocês.

Juntos, triunfamos uma vez mais, obrigado!

In memoriam
José Carlos

LEIA TAMBÉM

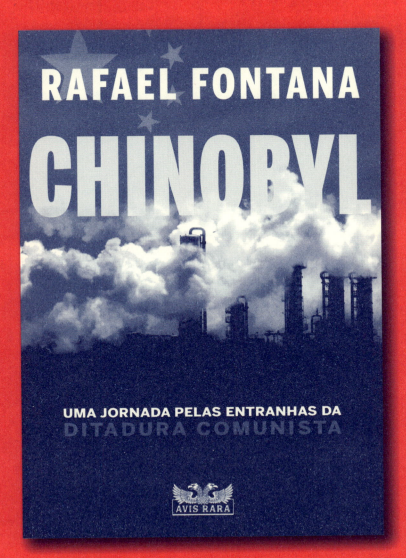

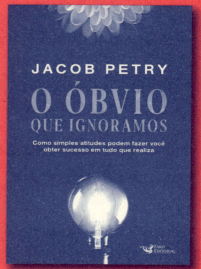

MINHAS ANOTAÇÕES

188 | RAFAEL FONTANA

FALAR É FÁCIL | 189

190 | RAFAEL FONTANA

FALAR É FÁCIL | 191

ASSINE NOSSA NEWSLETTER E RECEBA INFORMAÇÕES DE TODOS OS LANÇAMENTOS

www.faroeditorial.com.br

Campanha

Há um grande número de pessoas vivendo com HIV e hepatites virais que não se trata. Gratuito e sigiloso, fazer o teste de HIV e hepatite é mais rápido do que ler um livro.

Faça o teste. Não fique na dúvida!

ESTA OBRA FOI IMPRESSA EM OUTUBRO DE 2022